レスキューナースが教える

プチプラ防災

国際災害レスキューナース
辻 直美

はじめに

2019年は台風による被害が頻発しました。また、政府の地震調査委員会は、南海トラフと根室沖での巨大地震が今後30年以内に起こる確率を80％以上に引き上げました。災害がいくつも重なり、今まで経験したことのない事態を日本は迎えています。備えの大切さを実感している人も多いのではないでしょうか。

「具体的に何をしていいのかわからない」

レスキューナースとして25年間活動している私のところには、そのような質問が日々寄せられます。

その答えが、本書には詰まっています。

本編にいく前に、少し自己紹介をさせてください。

私の実家は1995年1月の阪神・淡路大震災で全壊しました。発災時、私は夜勤明けで自宅にて被災しましたが、ケガもなく、すぐに日常生活を取り戻すことができました。おかげで、2か月後には東京の聖路加国際病院の3次救急センター（当時）に配属され、地下鉄サリン事件への対応にあたりました。そこから災害専門レスキューナースとして活動を始め、現在に至ります。

２０１８年6月には震度6弱の大阪北部地震に遭いましたが、我が家は調味料のボトルが4本倒れただけでした。しかし、隣のお宅は被害が大きく、１か月以上も住めなくなってしまいました。マンション自体の被害も大きく、いまだ完全な復興をしていません。一方、私自身はその日のうちに普通の生活を取り戻し、レスキュー活動もしていました。

なぜそんなことが可能なのか？　それは「防災に興味を持ち、情報を集め、実践してきたから」です。

防災というと、ハードルが高いと思う人がいるかもしれません。しかし、日本全体が今のままの防災意識ではまずいと感じているこのタイミングだからこそ、誰にでもできる対策を教えたい。〝必要以上にお金をかけずに、日常に取り入れることができる防災術〟を届けたい、伝えたい！と思い、この本をつくりました。

ツジナオ流・防災術の最大の特徴は、「シンプルで心地よく暮らしているだけで、いつのまにか防災になっている」こと。今すぐ実践して、不安から解放されましょう！

目次

第一章 命を守るための備え

防災よくある勘違い・4パターン

とにかく防災グッズを買わなくちゃ！

防災グッズをたくさん持っていても助からない人もいる

「防災＝防災グッズを買うこと」と認識している人がいます。最新のものを買ったから大丈夫！とか、自衛隊が使っているやつだから安心！という人もいます。

でもそれ、使いこなせるの？買っただけで安心して、一度も使わないままの人、とっても多いです。

そういう人は「使い方を知らない」「使いこなす自信がない」→「最新の防災グッズを買う」→「それでも不安がおさまらない」という負のループにハマってしまいます。結果、部屋はもので溢れ、漠然とした不安が渦巻いたまま。これでは、お金の無駄遣いです。

「備え＝ものを買う」ではありません。買わなければいけないものも確かにあるけれど、そんなには多くない。

本書を読めば、何が必要で何がいらないか、判断する力が身につきます。

日常に精いっぱいで防災にまで手が回らない

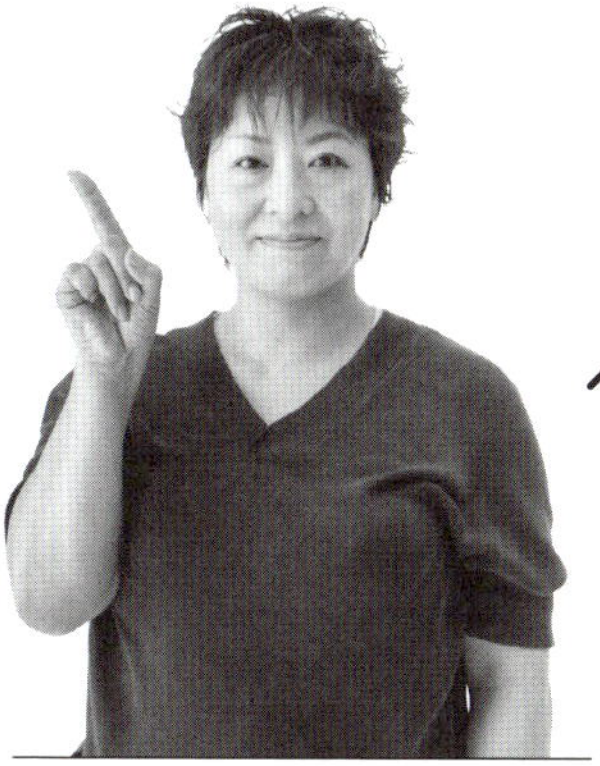

すでに持っているものでなんとかなる！

防災を「特別なもの」ととらえると、〝わざわざ用意するのが面倒〟と思ってしまいます。いつかやらなきゃと思いつつ先送りする心理はこれです。防災を「非日常ではなく日常」にしましょう。今から意識を改めてください。なぜなら、災害はいつくるかわからないから。「今日」かもしれないのです！

防災＝日常だからこそ、「普段から家にあるものでなんとかする」という発想を持ってほしいです。

レスキューナースである私を含め、防災のプロは必要以上にお金をかけません。普段使っているもので代用したり、テクニックでなんとかします。

カンパンなどの防災食は備蓄せず、食材はローリングストックでOK。高い防災グッズを買わなくても100均グッズで十分なものもあります。

コツは、私が教えるから大丈夫です！

防災よくある勘違い・4パターン

いざとなったら避難所に行けばいいんでしょ？

被災者数が多ければ避難所はキャパオーバー。入れるとは限らない

備えていない人は、「いざとなったら避難所に行く」と言います。

でも、大規模な災害が発生したら被災者数もそれだけ多くなり、避難所はパンクします。2018年の広島の集中豪雨の際には、避難所に入れずに外で過ごしている人をたくさん見ました。

避難所に行く道がふさがったり、避難所自体が被災することもあり得ます。

運良く入れたとしても、避難所はホテルではありません。学校の体育館や公民館に布団や枕の用意があるはずもなく、床の上にじかに寝なければならない。お弁当が配られたり、炊き出しがあると思うかもしれませんが、水すらもらえないことも珍しくないのです。

自宅避難という選択肢がとれるよう備えておくこと。避難所に行く場合も想定して、非常用持ち出し袋の中身を整えておくことがやはり必要です。

生きてさえいれば、あとはなんとかしてもらえるはず

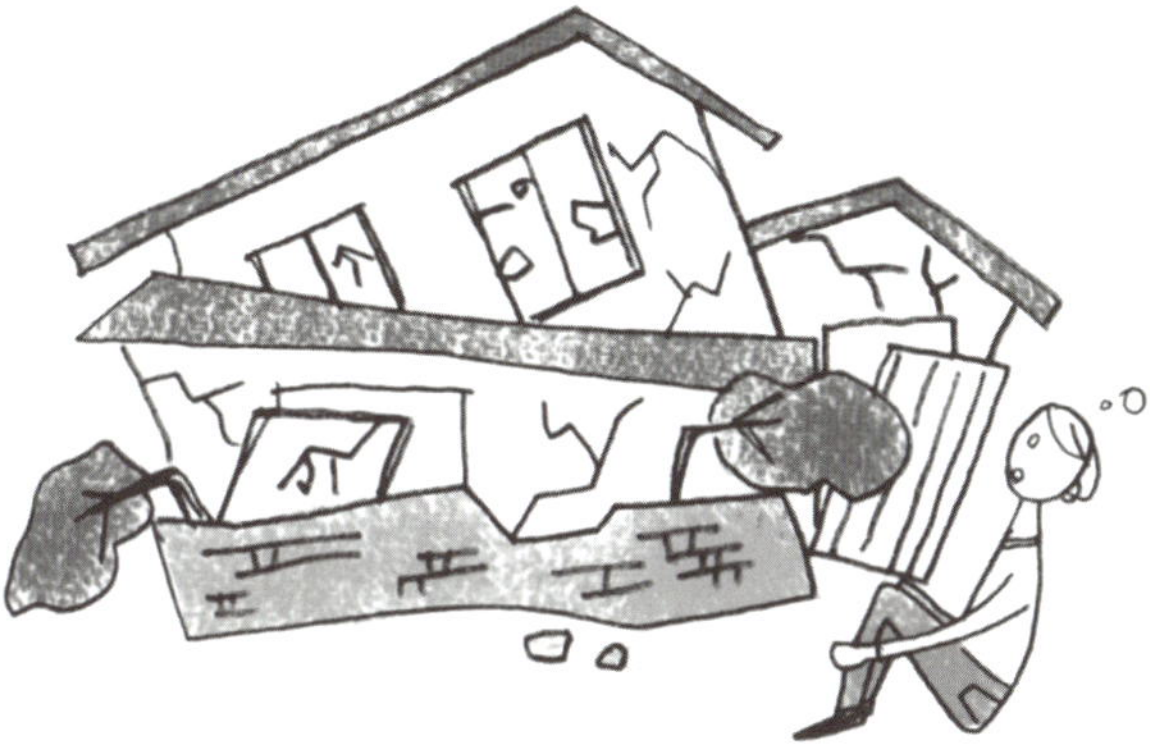

元の生活と同レベルに戻せるかは自分次第

命の期限とされる「72時間」を乗り越えたら、自動的に生活が立て直される、行政がなんとかしてくれる、というイメージを持っている人は意外と多いです。被災したことがなければ、そう思うのも無理はありません。

実際は、行政がフォローしてくれるのは最低限生きていけるレベルまで。給水の手配や避難所、仮設住宅の設置はしてくれますが、それも期限付き。しかも、インフラが復旧するまで1か月以上かかることも珍しくありません。

災害は行政のせいで起こるのではありません。まして、被害の規模が大きければ、一人ひとりに手厚いフォローができるはずもない。被災前と同じレベルの幸福度・快適さを求めるなら、自力でやるしかないのです。本書では、「どれだけ早く復興できるか」まで考えた防災術をお伝えしていきますね。

地震に強い家づくり

震度6弱での被害は、備え方でこれだけ変わります

←

地震の被害を最小限にする「安心して住める家」にしよう

左ページのキッチンの写真は、震度6弱を記録した2018年、大阪北部地震で被災した直後のキッチンです。上の写真が私の家、下の写真は同じマンションのお隣さんの家です。

まったく同じ間取り・強度の家でも、備えのあるなしでこれだけ被害は変わります。我が家は調味料のボトルが4本倒れただけでしたから、片付けはボトルを起こしただけ。30秒もかかっていません。一方、お隣は食器棚から割れ物が降ってきたため破片が散乱し、危険極まりない状態に。キッチン以外もメチャクチャになり、1か月半も住めなくなったそうです。お気に入りの食器もすべて割れてしまったとか。

私がしたことは100均のグッズを使った備えがメインで、大きな手間もお金もかけていませんが、やるとやらないではこれだけの差が出るのです。

キッチン

被災直後の辻家

調味料のボトルが4本倒れただけ

同じマンションのお隣

落下対策をしていない棚からは食器がすべて落ちて割れてしまいました。床を破片が埋め尽くしとても危険な状態です。片付けようにも掃除機を探すのに苦労したそうです。

POINT…

地震に強い家づくり

ちょっとした備えをしておくだけで被害を最小限にできる

左ページに掲載したのは、リビング、本棚、寝室の比較写真です。

我が家のリビングは低い家具しかなく、100均の滑り止めシートを活用していたので何も倒れませんでした。

一方、お隣のリビングは背の高いラックや無造作に積んであったものが倒れ、床が見えないほどに。奥さんはラックの下に埋もれ、かわいそうなことに、足を骨折して入院しました。

本棚は、我が家は滑り止めシートのおかげで一冊も本が落ちなかったのに対し、お隣は本どころか棚自体が倒れてしまっています。本も大量に落ちてくると凶器になり、とても危険です。

就寝中だったら生きていなかったかも……

お隣の寝室は、ベッドの上にタンスが直接倒れています。ちょうど頭の位置だったので、就寝中に地震が起きていたら亡くなっていたかもしれません。

我が家は寝室には高い家具を置かず、ものをなるべく少なくしています。これだけで大幅にリスクを減らせるのです。

家に対策をしていないと復旧にお金もかかります。私は0円ですみましたが、お隣は原状復帰のために少なくとも60万円ほどかかったそうです。

リビング

辻家のリビングは震度６弱でも変化なし。復興までは30秒です。お隣は奥さんが入院したこともあり、また親戚も被災して手伝いにくることができず、すべて片付くまで１か月半ほどかかったそうです。

本棚

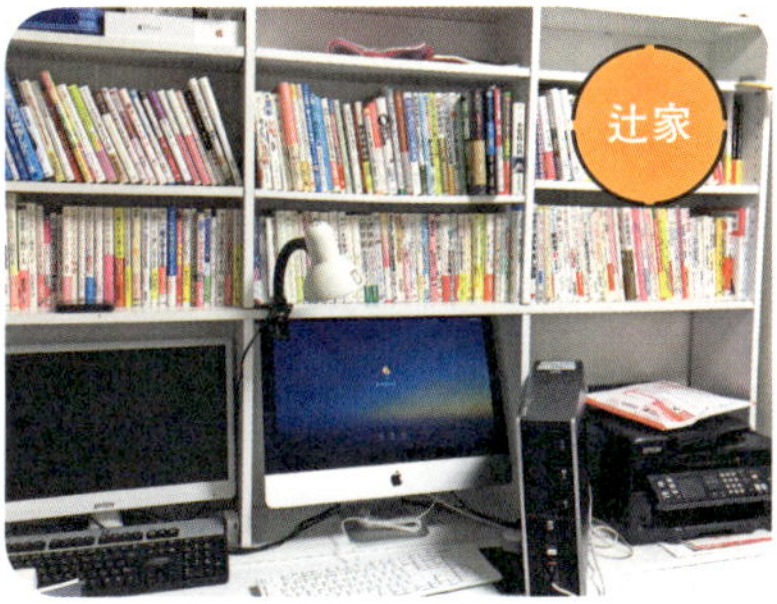

本も立派な凶器になります。被災地でレスキュー活動をしていると、本に埋もれて亡くなっている方をたくさん見ました。私は本が好きなので量はなかなか減らせないため、対策はしっかりしています。

ものは少なく、家具は低く!

寝室

寝室にはあまり家具やものを置かないのが命を守るための鉄則です。家具を置くなら頭側ではなく足元に低いものを。なるべく強い壁や柱のある部屋を寝室にすると安心です。

POINT…

地震に強い家づくり
少ないものでシンプルに暮らす
〝ツジナオ流・防災術〟を公開

「なお先生って要塞みたいな部屋に住んでるんでしょ」

とよく言われます。

ご覧ください。これが現在の我が家です。一見、ものが少ない普通の部屋ですよね。でも、完全に防災仕様です。

防災講座の参加者からよく聞く悩みが「防災グッズや備蓄品が部屋に溢れてしまう」というもの。我が家には、閉じ込められて一切支援物資が届かなかったとしても、最低10日間はしのげる程度の備えがありますが、訪れた人は皆「ものがすごく少ないね」と言います。ものが多いとケガや圧死するリスクが上がるので、なるべくものを置きたくないという意図もあるのです。

生活を楽しみながら家を防災仕様にできる

すっきり暮らしながら災害に備えることを可能にするのは、「代用テクニック」。防災専用のものはなるべく買わない。普段は片付けがラクで暮らしやすく、いざというとき防災になる。そんな方法をお伝えしていきます。

災害に備えつつも、生活のうるおいや楽しみはあきらめたくない。だから私はシャンデリアを飾っていますし、本もたくさんあります。これらもちょっとした対策で可能になるのです。

現在の辻家の備えをご紹介します

「意外とかわいい部屋ですね」とよく言われます（笑）。防災を意識しつつも好きなものに囲まれて暮らすのが私のモットー。普通に見えて災害時はしっかり守ってくれる部屋づくりのコツは次ページからご紹介しますね。

一見、普通の部屋ですが、
完全に防災仕様です

「キッチン」

出しっぱなしの食器はすべて割れ、刃物は飛んでくると心得て

最も凶器が多い「キッチン」。最優先で対策を！

「部屋を防災仕様にしたいけど、どこから手をつけたらいいかわからない」と聞かれたら、「キッチンから始めて」とお伝えしています。

キッチンには包丁やハサミ、お皿など、地震発生時には凶器となるものがたくさんあるので、家の中で最も危険な場所と認識してください。

基本はものが落ちてこない・飛んでこないよう対策することですが、出しっぱなしにしないクセをつけるのも大事です。包丁が飛んできて体に刺さったという話もよく聞きますから。

「見せる収納」として包丁やフライパンを壁面に飾っている人がいますが、防災面ではオススメできません。どうしてもこの収納法にこだわるなら、キッチンで被災したら一刻も早く落下物の少ないスペースに逃げられるようにシミュレーションしておきましょう。

足をケガしたら逃げられません！

日用品が震災時は凶器になる

POINT …

キッチン

収納の基本は「上には軽いもの。下には重いもの・割れもの」

震度5以上になると、上にあるものが落ちてきます。重いものや割れものは高いところに収納せず、下にしまうようにしましょう。下に重いものを置くと棚やラックの重心が安定して倒れにくくなる効果もあります。

引き出物でもらった滅多に使わない重いお皿や、飲まずにとってある高いお酒などは、滅多に出す機会がないので上のほうに収納しがちですが、絶対にNG！　特にお酒は引火する可能性があるので、とても危険です。普段手の届かない場所にしまってあるものは、今後もまず出番はありません。この機会に処分してはいかがですか？　断捨離も立派な防災術です。

100均のストッパーや開き戸ロックを活用して

キャスター付きのラックを収納に使っている場合、100均のキャスターストッパーが使えます。さらに、水などを最下段に収納して重心を安定させれば、動くことはありません。

吊り戸棚は頭上にあるので、私はタッパーやラップなどの軽いものをしまっています。100均で売っている子供のいたずら防止用の「開き戸ロック」を付けておくと、揺れた際に扉が開き、中のものが落下するのを防げます。

キッチンラックの収納例

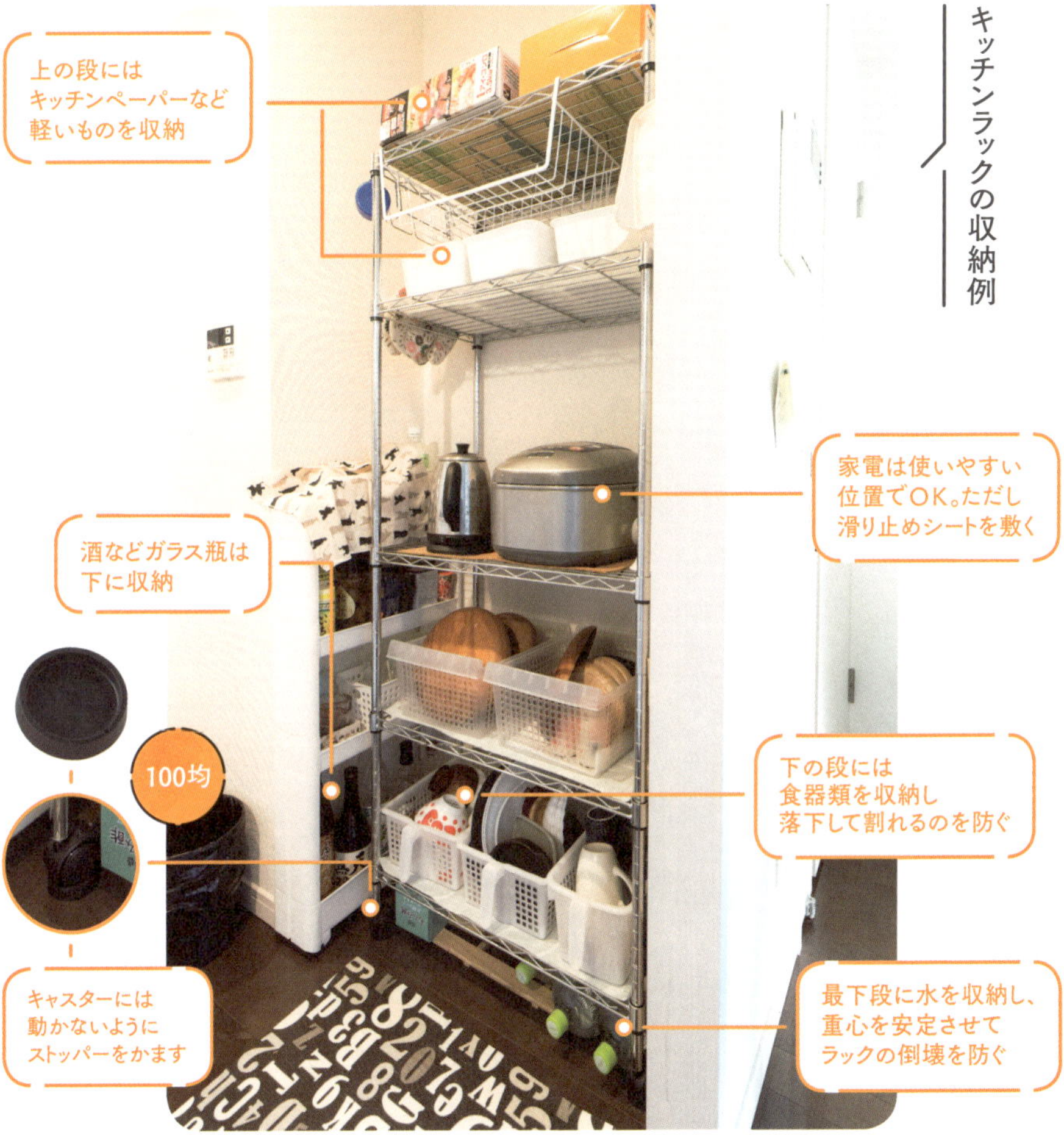

上の段には
キッチンペーパーなど
軽いものを収納
家電は使いやすい
位置でOK。ただし
滑り止めシートを敷く
酒などガラス瓶は
下に収納
100均
下の段には
食器類を収納し
落下して割れるのを防ぐ
キャスターには
動かないように
ストッパーをかます
最下段に水を収納し、
重心を安定させて
ラックの倒壊を防ぐ

吊り戸棚にはロックをかけて軽いもののみ収納

吊り戸棚にはP27で紹介する耐震ラッチも付けています。より安全にするために、耐震用グッズは2つ以上合わせて使うことを推奨します。

耐震ラッチも活用してさらに安全に

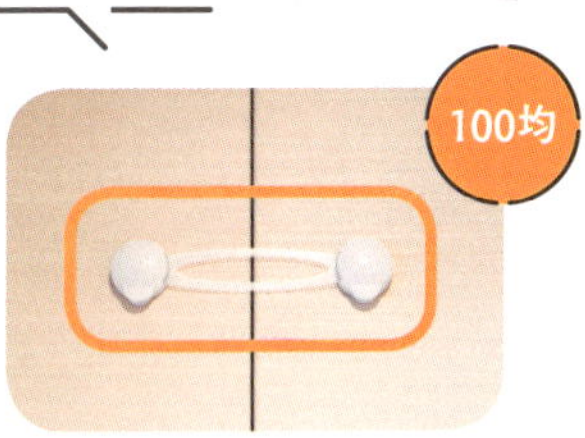

100均

地震でものが散乱すると、思った以上に心にダメージを受けるので、軽いものしか入っていなくても開き戸ロックを付けるようにしています。

POINT
…

キッチン

食器は引き出しにしまうか、100均の滑り止めシートを貼ったケースに収納

大阪北部地震で被災した際は、キッチンの引き出しに食器を収納していました。引き出しには子供の指はさみ防止用のストッパーを付けておいたので、揺れの衝撃で引き出しが飛び出すのを防いでくれました。おかげで、お皿は1枚も割れずにすみました。

お皿を収納する引き出しがない場合、取っ手の付いたプラスチックケースに滑り止めシートを貼った「食器収納ケース」に入れることをオススメします（作り方は次ページ）。取っ手が付いているのでお皿をさっと取り出せるから、家事の時短にもなります。

なお、お皿は下から中皿↓大皿↓小皿の順に重ねるのが、最も滑りにくく揺れに強い方法です。

シンプルで丈夫な食器は防災面でも◎

特別なこだわりがないなら、割れにくい食器を使うのも有効。阪神・淡路大震災で被災する前は、私もリチャードジノリのカップなど、いろいろ集めていましたが、全部割れてしまいました。残ったのはヤマザキ・春のパンまつりでもらったお皿とモロゾフのプリンの瓶だけ。以来、ヤマザキのお皿と、丈夫でシンプルなデュラレックスやコレールの食器を愛用しています。

引き出し収納は使い勝手◎

収納ケースで取り出しやすく

左はキッチンの引き出しに収納した食器。料理が完成したらさっと取り出して盛り付けられるので使い勝手もいい。右は収納ケースに入れた食器類。ケースに入るだけの量にすると決めたら、お気に入りだけが残り暮らしもシンプルに。

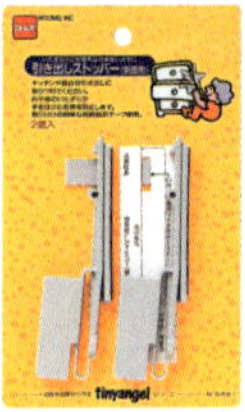

引き出しが3cmほど開くとストッパーが作動。引き出しストッパー（側面用）オープンプライス
㈷ニトムズお客様相談室
☎0570-05-2106

これが最強!
飛び出さない食器収納ケースの作り方

使用するもの

100均で売っている滑り止めシートと取っ手付きのプラスチックケース、両面テープで揺れに強い食器収納ケースを作れます。

1

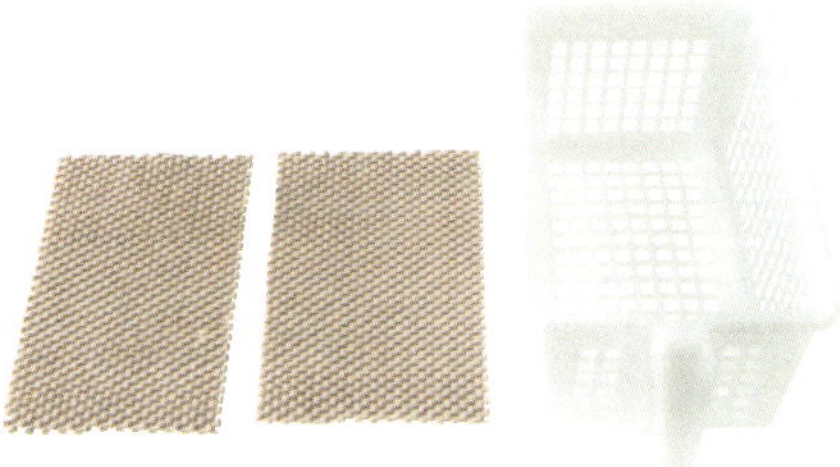

滑り止めシートをプラスチックケースの底に合わせて２枚カット。

2

底面に滑り止めシートを両面テープで貼り付ける。揺れでケースが滑るのを防げます。

3

完成

内側にも滑り止めシートを貼る。ケースの中のお皿が動かなくなります。

POINT…

キッチン

「飛ぶ凶器」家電は滑り止めシートで固定。冷蔵庫は倒れないように対策を

大きな地震が起きたら、家電が当たり前のように飛んできます。電子レンジが頭に当たって大ケガをした人もいました。

対策は、家電の下に100均の滑り止めシートを敷くこと。私は摩擦を大きくしてより滑りにくくするために、樹脂製のシートとコルクのような素材のものの2種類を敷いています。より安全にするためには、耐震用グッズを2つ以上合わせ使いするのが有効です。

冷蔵庫は転倒防止のため底に耐震マットを敷き、段ボールで天井までのスペースを埋めています。耐震マットを敷くには冷蔵庫を持ち上げる必要がありますが、中身を出せば大人2人で可能です。段ボールの中には、お酒を買ったときなどに入っている仕切りを入れて補強しています（P35を参照）。

揺れの衝撃で扉が開かないようにするのも大事です。冷蔵庫の中の瓶ものなど、危険なものが飛び出してくる恐れがあるからです。ドレッシングなどの油分を含んだ液体が床にぶちまけられたら掃除も大変です。

対策として、私は子供のいたずら防止用ドアストッパーを付けています。瓶などはP21で紹介した収納ケースに入れて飛び出さないようにしています。これで震度6弱でも大丈夫でした。

炊飯器やコーヒーメーカーの下に滑り止めシートを敷く

100均の
滑り止めシート

重い家電も震度が大きいと簡単に飛んできます。胸より下の高さに置くようにして、滑り止めシートを敷くとリスクを下げられます。

冷蔵庫上の空間は中身を詰めた段ボールで埋める

天井までのスペースを埋めることで倒れにくくなります。つっぱり棒は揺れの方向によっては飛ばされてしまうと聞き、接地面の大きな段ボールに。

冷蔵庫の扉にはストッパーを付ける

扉には子供のいたずら防止用のストッパーを付け、ドレッシングなどは滑り止めシートを貼った収納ケースに入れればより安心です。

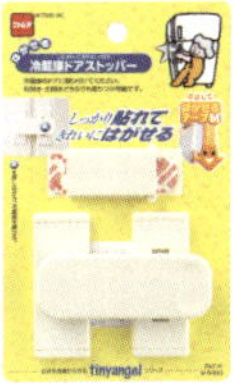

子供のいたずら防止用ストッパーが防災にも役立ちました。はがせる冷蔵庫ドアストッパー オープンプライス
問ニトムズ（P21）

リビング

ものが多いと圧死のリスクが高まります

←

使ったらすぐにしまう習慣をつけましょう

部屋がもので溢れていたって、普段だったら死ぬことはありません。しかし、地震発生時には生死を分けることがあるのです。

特にリビングは、家族がそれぞれ好きなものを持ち込む場所なので乱雑になりがちです。ボールペンや定規、耳かきなどの小物も、がれきの下にあるのを気づかずに踏んでしまって大ケガにつながることがよくあります。

片付け術の定番、「ものの定位置を決め、使ったら元の位置に戻す」を徹底するだけでも、リビングで被災した際のケガや死亡のリスクを下げることができます。

それになんといっても、普段から片付いた部屋で過ごしたほうが気持ちいいですよね。

「きちんと片付けてある」。これも防災になるのです。

現在の辻家リビング。
高い家具は置かない・
ものは出しっぱなしにしない
を徹底している

被災
直後の
辻家

同じ
マンションの
お隣

ものが多いと
圧死のリスクが上がる!

POINT …

リビング
箱×耐震ラッチで作る「飛び出さない収納」

リビングに限らずですが、私は「見せない収納」をしています。インテリアとして飾りたいものや家電以外は、使い終わったら滑り止めシートを貼った箱にしまいます。

ものを棚にしまう場合も、裸のままではなく、やはり滑り止めシートを貼った収納ケースに入れます。さらに、〝防災グッズは2つ以上合わせて安全度を上げる〟のがベターですから、棚の扉には耐震ラッチを付けています。

耐震ラッチとは、震度5以上の揺れを感知すると扉を開かなくするロックで、ホームセンターやネットショップで購入できます。自分で取り付けることも可能です。これで、棚から床に収納箱が落ちてくることを防げます。

金属製の防災アイテムはお金のかけどころ

耐震ラッチは1000円前後しますが、ここはお金のかけどころです。耐震ラッチや引き戸ストッパーなどの、金属製の部品が含まれる防災グッズは、1000～2000円程度のものを購入してください。滑り止めシートや転倒防止の粘着マット、キャスターストッパーなど、ジェル、樹脂、プラスチック製のものは、100均のものでもその効果は遜色ありません。

ちょっとした小物入れにも滑り止めシートを貼っています

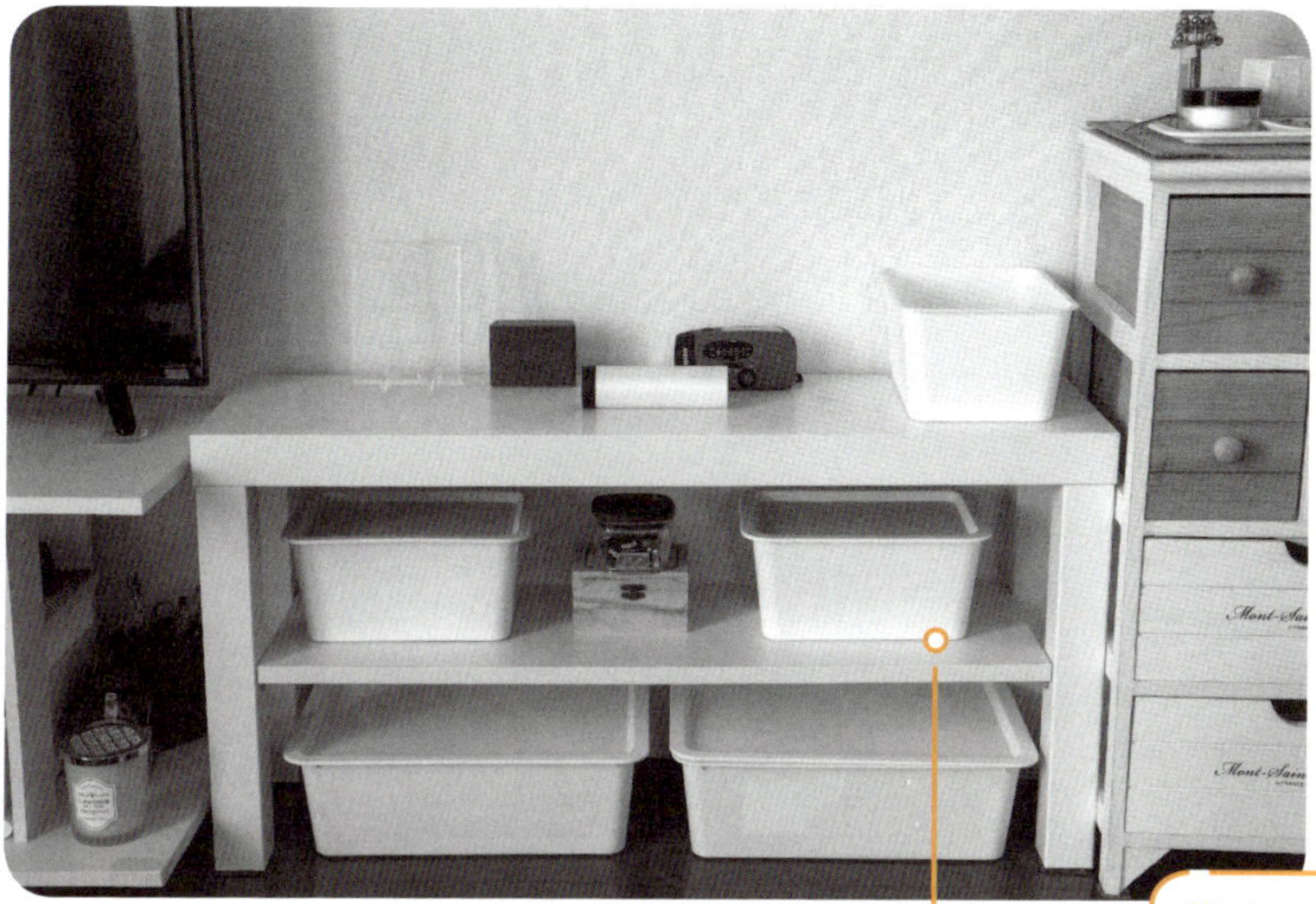

箱の下には滑り止めシートを貼っている

ものが飛び出してこないよう、P21でご紹介した収納ケースのように、滑り止めシートを貼ったケースにしまいます。“使ったらすぐしまう”が難しいなら、せめて寝る前には片付けるようにしましょう。

耐震ラッチ「PFR-TSAα（パーフェクトロックティーエスエー アルファ）」。ムラコシ精工オンラインショップにて購入可能。900円。

震度5以上でロックがかかる

付属の取扱説明書を見れば比較的簡単に取り付け可能。取り付けにはキリとドライバーが必要になります。

POINT …

リビング
本棚にも滑り止めシートを敷き ピッタリはまるように本を詰める

リビングに本棚があるご家庭も多いでしょう。本も対策しておかないと、立派な凶器になります。

我が家の本棚は100均の転倒防止板をかまし、天井までのスペースを収納ケースで埋めて固定。さらに、念のためつっぱり棒も付けておきました。

本の下には100均の滑り止めシートを敷いてあります。隙間が空かないように本はギチギチに詰めておきました。これで震度6弱の衝撃を受けても、1冊も落ちてきませんでした。

一方で、対策をしていなかったお隣は、本棚自体が倒壊し、本もすべて落下していました。下敷きになっていたら大ケガをしていたかもしれません。

最低1か所は避難スペースをつくる

本棚に限らず、リビングに背の高い家具やガラス扉の家具を置くのはオススメしませんが、どうしても置くなら対策を。転倒しないよう工夫したり、ガラス飛散防止フィルムを貼りましょう。そして、大きな揺れがきたら家具が倒れてこないスペースにすぐ移動できるようにシミュレーションをしておくこと。家中どこにも逃げ場がない状況なら、最低1か所は避難するスペースをつくるようにしてください。

**お隣は本棚が倒壊し、
大量の本が落下。
下敷きになったら
亡くなっていたかも……**

100均の滑り止めシートは本当に優秀です。本が飛び出してくるのも防いでくれます。辞典などの重いものは下段に入れるようにしましょう。本棚も安定しますし、頭上に落下して大ケガするのを防げます。

100均の滑り止めシートが
命を救う!

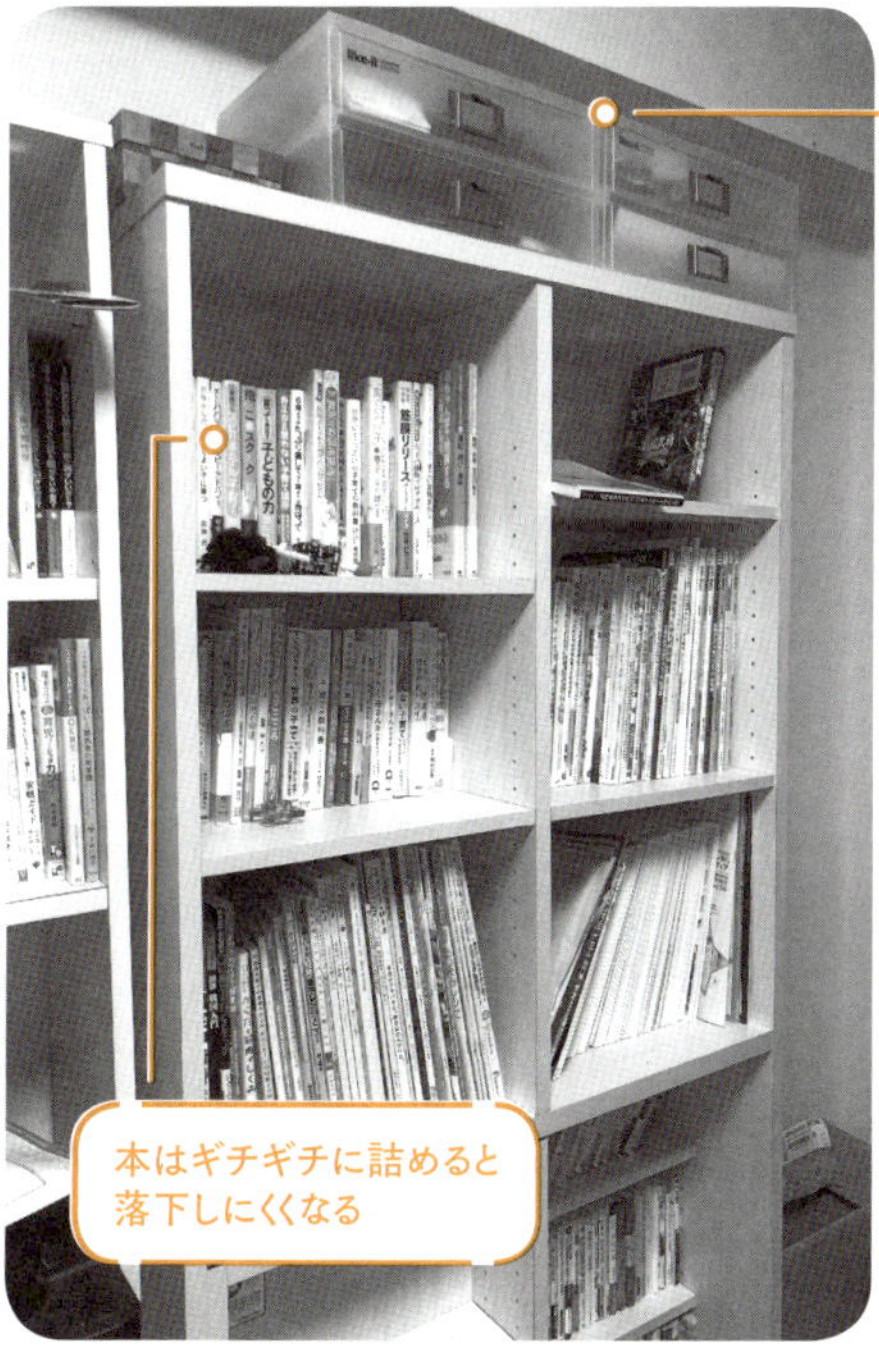

本棚が天井まで届かない場合
箱状のものなどを差し込んで
天井までがっちり固定

本はギチギチに詰めると
落下しにくくなる

100均

100均の転倒防止板は
あらゆる家具に敷いてます

本棚などの家具の転倒防止には100均の転倒防止板が使えます。下に敷くだけなので、床や家具を傷つけません。家具は壁から3㎝離して置き、床との間に転倒防止板をかますことによって壁に寄りかかるようにしています。

玄関・廊下

避難経路にものが置いてあると
逃げ遅れの原因に

←

靴はもちろん、玄関マットも
置かないほうがいい

玄関・廊下には何も置かないのが防災の鉄則です。

靴がたくさん出ていると、逃げる際に、どの靴を履いて逃げるのか迷います。その一瞬のロスが命取りになり得るのです。また、私は玄関マットも敷いていません。これも慌てて逃げるときにつまづくのを防ぐためです。

廊下は重要な避難経路なので、やはり何も置かないようにしましょう。

一方、玄関の収納に必ず入れておいてほしいのが「非常用持ち出し袋」。避難する際にパッと掴んで逃げ出せるようにするためです。家の中が壊滅状態で入れなくても、玄関なら入れるケースもあるので、持ち出し袋は玄関収納に入れておくのがベスト。持病の薬やコンタクトレンズなど「生きるために必要で、救援物資としてはもらえないもの」も一緒にしまっておきましょう。

玄関・廊下

靴は出しっぱなしにしない

防災的には、そっけないほど何もない玄関が正解。靴を出しておくとしたら1足まで、しかも歩きやすい履きなれたものならよしとします。靴ベラも凶器になるので、使わないときはしまっておきましょう。

いざというときに
つまづく恐れのある
玄関マットは敷かない

傘は発災時に
凶器になる。
必ずしまっておくこと

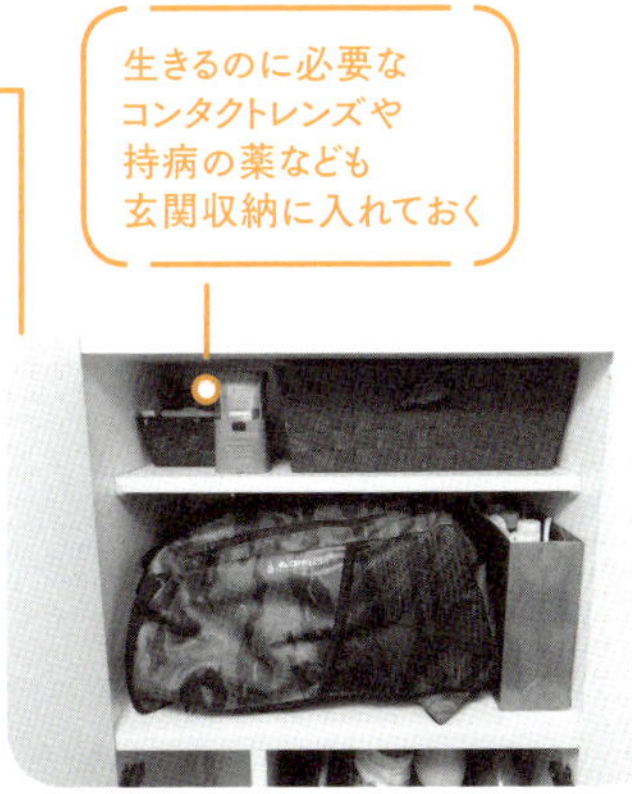
生きるのに必要な
コンタクトレンズや
持病の薬なども
玄関収納に入れておく

「非常用持ち出し袋」は玄関収納に入れておくのが鉄則です。靴がギチギチで入らないという人は、シーズンオフの靴は玄関以外の場所にしまうようにして、スペースをつくりましょう。人によっては補聴器やアレルギー対応食品なども入れておく必要があるでしょう。

寝室

就寝中は即座に避難などの行動を起こせない

← 倒れたり飛んでくるものがないように配置しておく

背の高い家具を置かないことが寝室の防災対策の基本。家具を置くなら足元に低いものを。万が一天井が落下してきた際にも命を落とさないよう、強い柱のほうを頭にします。

ベッドの下には巾着袋に入れたスニーカーを置いてあります。部屋がメチャクチャになってもがれきを踏まずにすむように、常に準備しているのです。

なお、寝室の照明はシャンデリアですが樹脂製で、電球もLEDの割れないものに替えました。阪神・淡路大震災では照明が切れて落ちてきたので、〝落ちてくる前提〟で対策しています。

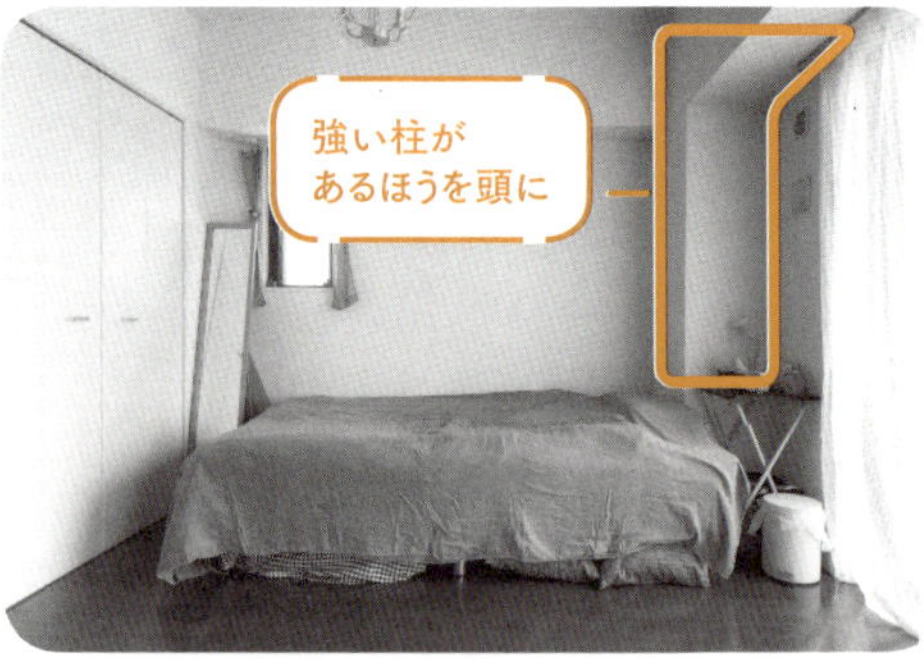

シャンデリアは樹脂製

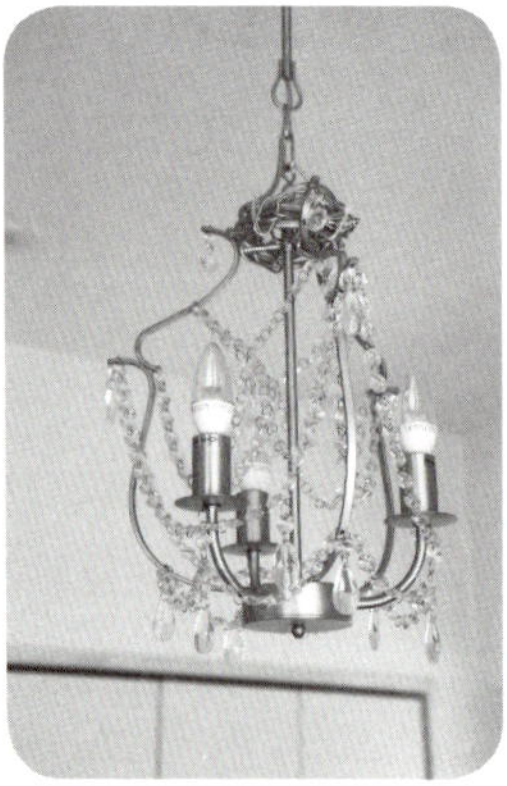

照明はベッドの真上ではなく、少し離れたところに吊るしていますが、震度が大きくなると照明などの“ぶら下がりもの”は遠くに飛んでいくので、ベッド上に落ちることもあり得ます。重いガラス製の照明は防災上の観点からはオススメできません。

ベッドの下には巾着袋に入れたスニーカーを

洗面所・トイレ

油断するとものが増えがちで見た目も防災的にもよろしくない

←

箱に収納し、ストックは最小限に

洗面所やトイレも基本は一緒で、「素のままでなく、箱の中に収納する」ようにしています。タオルなどもそうです。「軽いものは落ちてきても危なくないし、そこまでしなくても」と言う人もいますが、部屋にものが散乱すると思った以上に心にダメージを受けますし、片付けが大変なので、そうしています。慣れれば大した手間ではないし、見た目もきれいです。

また、私は特売で買いだめはしません。洗剤などはストックがあると思うと多めに使いがちなので、結局は節約にならないし、ものが増えると防災的にもよろしくありませんから。

トイレは逃げる場所ではない

ひと昔前、地震が起きたらトイレに逃げろと言われていましたが、最近はトイレの柱が必ずしも強くない住宅が増えています。閉じ込められるリスクもあるので、一般的には、家具などの倒れてこなさそうな部屋か玄関に逃げるほうがよいとされています。

日常を防災にするアイディア集

基本は〝凶器になり得る〟家具やものは固定すること

100均グッズ、本や段ボールでも対策できる

ここまでお読みいただいた人は、もうおわかりかと思いますが、基本的に、家にある〝凶器になり得る〟家具やものはすべて固定します。

ハードルが高いと思うかもしれませんが、100均の滑り止めシートや耐震ジェル、転倒防止板など、お金がからないアイテムでも十分な効果を発揮します。天井まで届かない家具は、何かで天井までのスペースを埋めることで固定できます。

天井までの隙間が少しなら、本をぴったりはまるように重ねるといいでしょう。天井との接地面と家具との接地面に滑り止めシートを敷くとより安心。

スペースがかなり空いている場合は、段ボールを重ねるのがオススメ。段ボールはざらついているので意外と滑りにくいのです。見栄えが気になるならオシャレな箱を重ねるとよいでしょう。

天井まで届かない家具は本で空間を埋める

スペースが狭い場合は本などで空間を埋めるとよいでしょう。雑誌でもいいですが、表紙がつるつるしているなら、滑り止めシートはマストです。

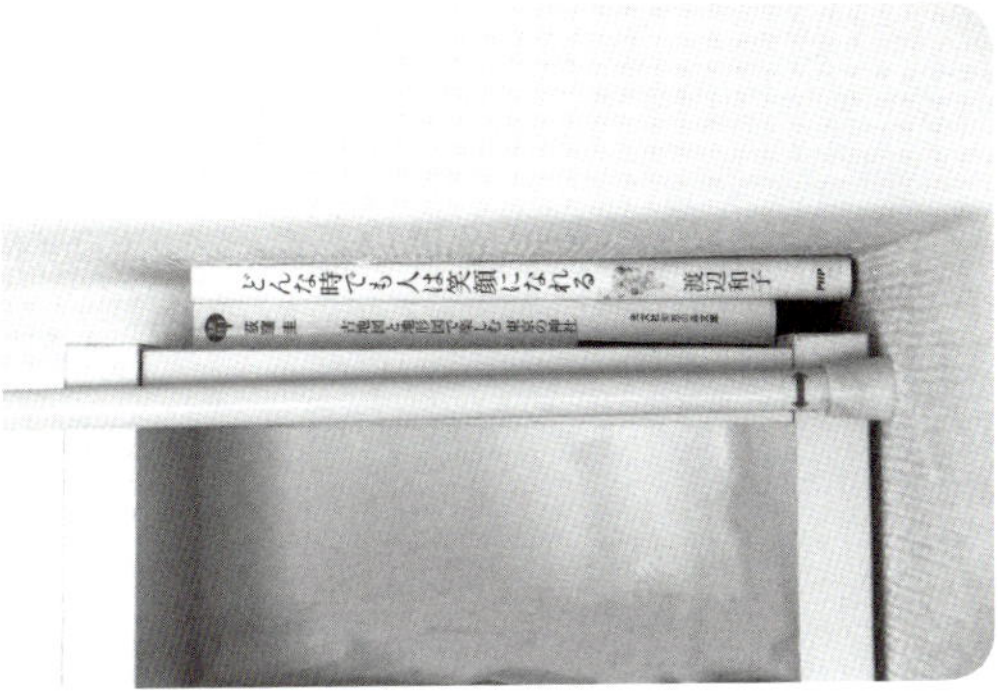

天井までのスペースが大きいなら段ボール箱を重ねて埋める

段ボールの中身が空だと衝撃で潰れてしまうので、ワインなどを買ったときに入っている仕切りを活用するか、段ボールを切って自分で格子状の仕切りを作ります。仕切りの中にタオルなど布ものを詰めて、より強度を上げましょう。

家具にも転倒防止ジェルを敷く

細い脚の家具にも転倒防止のジェルは有効です。脚の太さに合わせてカットすればＯＫ。なお、脚の細い家具は一番上に軽いもの、真ん中に重いもの、一番下に中ぐらいの重さのものを入れるようにすると最も安定します。

100均

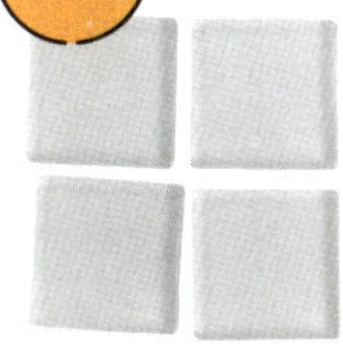

耐震マット、衝撃吸収ジェルなどの名前で100均で売っています。いろいろな形や色があるので使い勝手で選べばＯＫ。

TVには転倒防止ジェルを

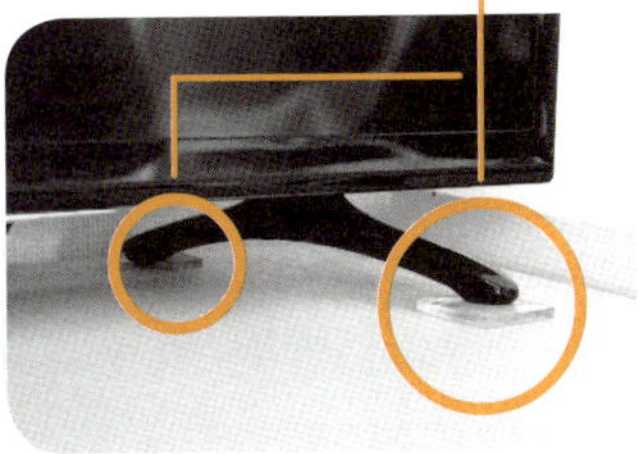

ＴＶなどの家電の下には耐震ジェルを敷き、転倒を防ぎます。重い家電も震度５以上になると倒れたり、時にはかなりの距離を飛んでくることもあるので、対策をしておきましょう。転倒による破損の予防にもなります。

POINT

日常を防災にするアイディア集
〝いかにも防災〟ではないのに いざというとき役立つテクニック

「家を防災仕様にする」といっても、特別頑丈な家具を揃えたり、何もない部屋にする必要はないとおわかりいただけたでしょうか。

ここでご紹介するちょっとしたアイディア集も、ぱっと見ではわからない程度の些細な工夫ですが、取り入れていただければより安心して暮らせると思います。

たとえば、カーテンはぴったりではなく、あえて少し長めの丈にすることで、揺れの衝撃や暴風で窓ガラスが割れた際に、破片が室内に入ってくるのを防ぐ効果が期待できます。

私がインテリアとして飾っている小物は、アロマキャンドルやソーラー充電式ラジオに備長炭など。災害用のロウソクを特別に用意するのではなく、普段お気に入りのアロマキャンドルでいいのです。いえ、被災下の不安な気持ちをお気に入りの香りが癒してくれますから、こちらのほうがいいと思いませんか？　ラジオは手頃な価格で、インテリアとしてもかわいいものを選びました。普段からこれでFM放送を聴いています。備長炭は、普段は消臭のために置いているのですが、こちらもいざというときに燃料になるのです。日常を防災にする工夫、ぜひ取り入れてみてください。

インテリアに「いざというとき役立つもの」を取り入れる

ソーラーラジオとLED懐中電灯

ソーラーラジオもLEDの懐中電灯も、シンプルでインテリアになじみ、万が一飛んできても大ケガしないよう軽いものを選びました。

少し長めの丈を選ぶ

カーテン

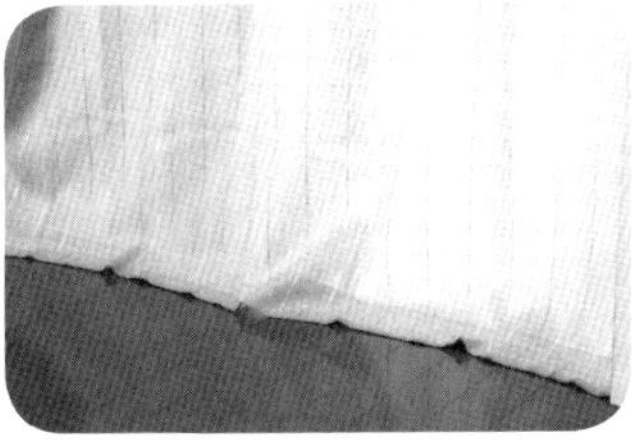

カーテンは床ぴったりではなく、3cmほど長くしてあります。窓ガラスが割れたときに破片が部屋に入ってくるのを防いでくれます。

備長炭

猫がいるので消臭のために普段から置いてありますが、非常時には燃料として使う予定。アロマオイルを垂らすととてもよく燃えます。

アロマキャンドル

停電時に明かりの代わりになりますし、被災下という非常事態では、普段お気に入りの香りをかぐことで、メンタルが安定する効果も。

姿見にはガラスが割れないスプレーをかけてある

引き戸の取っ手にS字フックをかけて開くのを防止

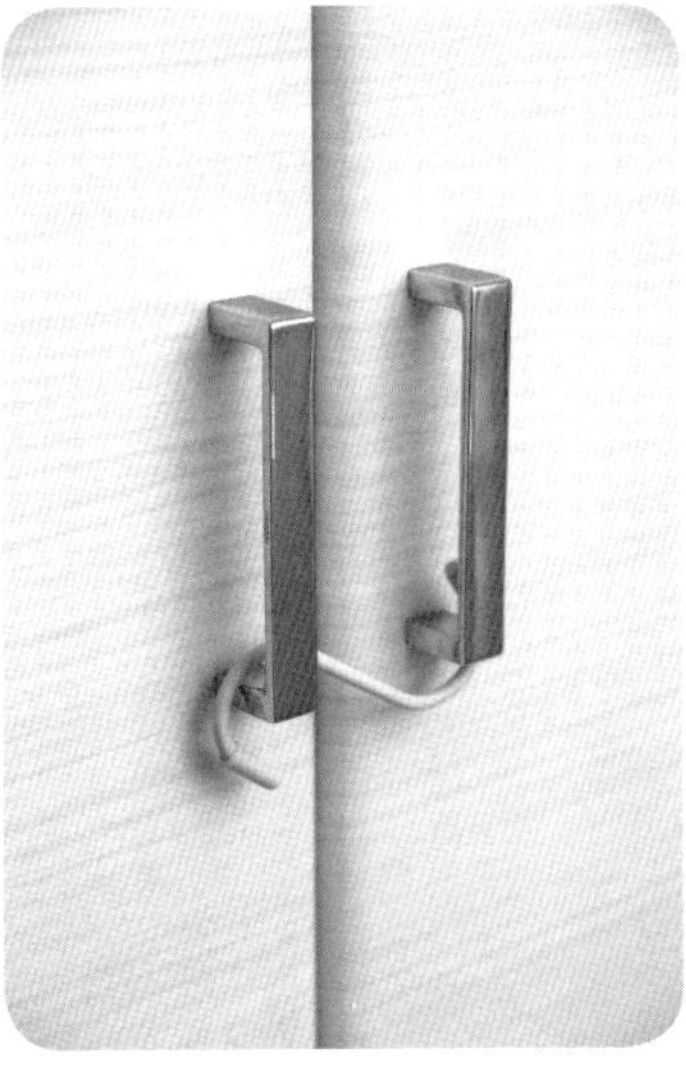

姿見と洗面所の鏡には、ホームセンターで購入した飛散防止スプレーをかけてあります。キレイにつけるのが難しいので投資のしどころと判断し、プロにお願いしました。S字フックは引き戸にかけておくと扉が開きにくくなるので、耐震ラッチの補助として活用。

水・食料の備蓄

防災食や災害用保存水。災害用の備蓄は場所をとるしお金もかかるのがネック

↓

「普段食べているものをちょっと多めに」でOK

家全体・冷蔵庫が備蓄庫、お菓子も備蓄品と考えれば、防災食を買い込む必要も、場所もいりません。

消費期限の近いものから食べながら補充していく「ローリングストック」でOK。私は日頃から10日分程度をストックしておき、台風や大雪の予報が出たら、さらに7日分補充します。

カンパンなどの防災食は1日2日はノリでいけても、心が追い込まれます。食べ慣れたものは被災下の沈みがちな心を安定させてくれるのです。

水も災害用の保存水ではなく、ミネラルウォーターのローリングストックで大丈夫です。なお、1日に必要な水はひとりあたり3ℓで、1ℓは体を洗うなどの生活用水、2ℓは飲んだり料理に使ったりの、飲料用水と考えてください。（詳しい備蓄量については、P156を参照）。

冷凍庫も備蓄庫。溶けてきたものから食べれば◎

お気に入りのインスタントラーメンが防災食

お米やパスタはもちろん、被災下で便利なインスタントラーメンやカップ麺はやや多めにストック。パスタソースは冷蔵庫の残り野菜や肉と混ぜて湯せんすれば立派な一品に。「1食分」という表記でも、ほかのものと混ぜてかさ増しすることで備蓄量を減らせます。

水は1か所ではなく分散して保存する

1か所だけに保存すると場所をとるうえに、万が一その部屋に入れなくなった場合、取り出せなくなってしまいます。私はリビングや寝室、玄関収納の空きスペースにも分散して保存するようにしています。

非常用持ち出し袋

家具が倒れて備蓄品が取れなくなったり
浸水被害に遭う可能性も……

←

家を備えても
非常用持ち出し袋は必要

備えに絶対はありません。対策をしていても、家具の倒壊などで備蓄品のある部屋に入れなくなることはあり得ます。床上浸水したら、自宅避難すること自体が難しくなるでしょう。家を備えても「生き延びるためのアイテム」を詰めた非常用持ち出し袋は用意しておく必要があるのです。

私は、普段使いの鞄にも「いつ災害が起きたとしても、最低限なんとかするためのアイテム」を入れてあります。そして災害が発生したら、「最低限必要なアイテム」に加え、非常用持ち出し袋に入れた「生き延びるためのアイテム」を持って避難します。

持ち出し袋は重くなるので、普通のリュックでは背負い紐が切れる可能性が高いです。ここは投資のしどころ。モンベルなど、アウトドアブランドの丈夫なものを選びましょう。

普段の鞄にも
「いざというときに役立つもの」を入れておく

普段はリュックではない普通の鞄で大丈夫ですが、外出先で被災したときに備えて最低限必要なアイテムは携帯すべきです。

非常用持ち出し袋は
リュック以外は論外

避難時に両手を使えるよう、非常用持ち出し袋は必ずリュックにしましょう。私が愛用しているのは「クイックシルバー」というブランドのもの。容量はおおよそ20ℓです。

むやみに詰め込んでも
重すぎていざというとき
運べない。厳選を!

腰を痛めない持ち出し袋の正しい背負い方は、P51で解説します。

普段の携帯品

POINT…

私がいつも持ち歩いている「命を守る」アイテムたち

自宅にいる際に被災するとは限りません。私は、どこで被災してもこれらがあればなんとかなる、というものを厳選して持ち歩いています。

とはいえ、ゴリゴリの防災グッズではありません。普段から〝あると便利なもの〟ばかりなので、持ち運びも苦にならないです。

救援物資としてはもらえないけど「あなた」が生きていくのに欠かせないものがあるなら、普段から必ず携帯しましょう。具体的には、持病の薬やコンタクトレンズ、メガネ、補聴器など。ここで紹介するのは、あくまで「私」にとって必要な薬ですから、各人よく考えて備えてください。

アイテムの具体的な説明はP44にあるのでそちらをご確認ください。

救助
19
18
医療
23
おくすり手帳
20
21
22
24
GO HIS OWN WAY
食料・飲料
15
Manuka Honey
LOZENGES
14
13
FRISK
CLEAN BREATH
12
塩分チャージ
17
CRUNKY
ほろにがビター
33
34
31
30
35
軽くてコンパクト!
レスキューシート
100均
防寒・防水
32
100均
29
28
100均
27
100均
26
お助けグッズ

POINT …

普段の携帯品アイテム解説

衛生

1 生理用ナプキン
女性は災害が起きてストレスが強まるとおりものの量が増えて下着が汚れやすくなったり、急に生理になることも。

2 ハミガキセット
被災下では歯の治療もままならない。

3 コンビニ袋
ペットシーツと組み合わせてオムツや氷のう、枕を作ることも可能（P133・P140参照）。

4 おりものシート

5 ウェットティッシュ

6 ペットシーツ
断水などで長時間トイレに行けないときのオムツ代わりにも。普段は大量の水をこぼしたときに重宝する。

7 おしぼり

情報

8 イヤホン
ブルートゥースは電池を消費するので差し込みで使えるものを携帯。

9 モバイルWi-Fi
携帯アンテナ基地が破壊された場合を想定。

10 USBケーブル・2口USBコンセント
情報を得るために不可欠なスマートフォンの充電は常にできるようにしておく。口数が多ければほかの人の分も充電してあげられる。

食料・飲料

11 水
500㎖のペットボトル水は常に最低1本は携帯。

12 塩分タブレット・塩飴
熱中症対策。塩飴は500㎖のペットボトルの水に入れて15分たつと溶けて、経口補水液の代わりになる。

13 ミントタブレット　14 のど飴

15 マヌカハニー
喉の乾燥を防ぎ、感染症予防に。被災下ではがれき等でほこりっぽくなる。

16 煎茶ティーバッグ
抗菌効果のあるカテキンを摂取するため常備している。

17 チョコ菓子
エネルギー補給に。

救助

18 カラビナ&ロープ
合わせて使用することで、人や救援物資を運べる。

19 マジックペン・ボールペン
救助に来た人にメッセージを残すのに使う。雨で消えないよう油性のものを。

医療

20 常備薬・持病の薬
帰宅できない可能性も考慮し、多めに持ち歩く。

21 目薬・リップクリーム
がれきやほこりから目と唇を守る。

22 使い捨てコンタクトレンズ
避難の際などにメガネだと不便なこともある。

23 おくすり手帳
スマートフォンのおくすり手帳は充電が切れたら見られなくなる。持病のある人は紙の手帳を持ち歩くこと。

24 メガネ
普段コンタクトだが、万が一に備え持ち歩いている。

お助けグッズ

25 穴あきペットボトルキャップ
断水時にウォシュレットやシャワー代わりになる便利品（P125、P130参照）。大手飲料メーカー3社のキャップを揃えている。

26 万能ナイフ
解説は下記に。

27 ソーラーライト（100均）
停電を想定。

28 コンパス（100均）
スマートフォンのマップ機能が使えなくなることを想定。

29 防災笛（100均）
救助を呼ぶのに使える（P73参照）。中にIDを記録する紙が入っているものがオススメ。被災時に口がきける状態とは限らないので、救助に来た人が身元を確認できるようにしておきたい。

30 アロマオイル
パニックになりそうな気持ちを落ち着かせる。ペパーミント入りのものは殺菌効果も。

31 扇子
あおいで汗を乾かすことで熱中症予防に。被災下のよどんだ空気を動かすことで気持ちが落ちるのを防ぐ効果も。

32 懐紙
メモ用紙や折り紙にしたり、紙皿の代わりにしたり、揉むと柔らかくなるのでティッシュ代わりにもなる万能アイテム。PCの液晶画面やメガネを拭くととてもきれいになるので普段使いにもオススメ。

防寒・防水

33 撥水風呂敷
水をはじく風呂敷は、雨合羽やストールの代わりにもなる万能アイテム。日常では急な雨の際に濡れてほしくないものを包むのに重宝する。

34 手ぬぐい
マスクの代わりや止血にも使える。

35 アルミ製シート（100均）
かぶるとかなり暖かく、防寒・防水に役立つ。炎天下では熱を反射しやすい銀色を表面にして使うと熱中症対策にも。普段はスポーツ観戦のときなどに座席に敷くと体が冷えずに◎。

26 万能ナイフ
ハサミもしくはナイフ、マイナスドライバーが付いているものがマスト。ハサミ・ナイフは料理に使ったり、ビニール袋、布や段ボール、がれきなどの切断に使える。マイナスドライバーはドアが開かなくなったときや、防災グッズの電池を換えるときの必需品。オススメはスイスのメーカー、ビクトリノックス社製のもので、ネット通販でも購入可能。

　刃渡りは最低3cm、柄は5cm以上のものが使いやすいが、刃渡り6cm以上のものを携帯すると銃刀法に触れるので届け出が必要になる。普段使いして慣れておこう。

ナイフ、ハサミ、爪やすり、ピンセットなどの機能を装備したミニツールナイフ。クラシックSD 1680円。㊐ビクトリノックス・ジャパン☎03-3796-0951

POINT …

避難時の持ちもの 試行錯誤を 重ねて選んだ 「非常用 持ち出し袋」

ここで紹介するのは、避難所に行くことを想定した「非常用持ち出し袋」の中身。一般的に推奨されている持ち出し袋に比べると、かなり少なく、重量は水を入れても20kgいかない程度なので、女性でも背負えます。

避難所では水をもらえるとは限らないので、生きていくのに必要不可欠な水はなるべく多く持っていきたいところですが、水は重いので、できるだけほかを少なくしなければなりません。

そこで、ペットシーツや新聞紙、アルミホイルやラップなど、多用途に使えるアイテムが大活躍するのです。

家族がいる場合は、それぞれに必要なものを各自持っていくようにしましょう。乳幼児がいるなら、これらに加えてオムツやミルクも必要になります。

服
防寒・暑さ対策
51
50
49
100均
8
11
医療・衛生
34
33
32
31
30
39
38
37
36
35
100均
48
43
42
41
40
45
44
46
47
37
救助
27
26
29
28
充電・照明
20
22
21
23
25
24
100均
19
LOXONIN
BAND-AID
ガーゼ
45ℓ
大阪市水道不正95%超

POINT…

避難時の持ちもの アイテム解説

水

1
避難所では水がもらえるとは限らない。1人分はペットボトルの水を2ℓ×3本＋500㎖×6本程度を目安に。

万能アイテム

多用途に使えるもの

2 ペットシーツ
レギュラーサイズ20枚（P55参照）

3 レジャーシート
避難所になる体育館や公民館の床は冷えるためお尻の下に敷くといい。雨合羽代わりに羽織ったり、雨漏り対策にも使える。

4 タオル
タオルとして使うのはもちろん、防寒にも、切って包帯代わりなどにも使うこともできる。最後は雑巾にもなる。

5 風呂敷・手ぬぐい

6 エア枕・クッション（100均）
避難所の床は固いので快適に過ごすためにあると便利。空気を入れて膨らませるタイプなので省スペースに。

7 ラップ・アルミホイル
ラップは汚れないよう皿に貼ったり、止血用の包帯代わり、編んでロープ代わりにも。アルミホイルは料理はもちろん、くしゃくしゃにして巻くと防寒になる。

8 朝刊3部
災害用トイレに使ったり防寒にも使える万能アイテム。

食

最低7食分になる量を。防災食品ではなく普段食べているものでOK

9 レトルト食品
シチュー、ハヤシライス、カレーなど。

10 フリーズドライ味噌汁

11 缶詰
魚系と肉系を交ぜて7缶ほど用意する。野菜と合わせれば立派なおかずになる。作り方はP115参照。

12 パスタソース
調味料としても使える（P115参照）。

13 アルファ化米
水やお湯を入れるだけで食べられる。

14 米
3合。炊き方はP115参照。

15 カップスープの素
これも調味料になる（P119参照）。

16 早ゆでスパゲティ
お湯がなくても食べる方法はP113。

17 塩飴（100均）
熱中症対策に。

18 おやつ（100均）
噛むことでストレスが緩和されるので、グミやスルメなど硬いものがオススメ。

19 箸・フォーク・スプーン（100均）
避難所では手に入らないことがある。

充電・照明

停電対策は絶対に必要

20 アロマキャンドル
防災用のものでなく、家で使っているものでOK。

21 着火ライター
料理のときに火を起こすために必要。

22 LED懐中電灯

23 手回し充電ラジオ
救援物資がどこでもらえるかなどの情報収集に。

24 USBケーブル
25 大容量モバイル充電器

救助

救助を求める場合にも、行う場合にも使えるアイテム

26 ロープ
27 布ガムテープ
メモ帳代わりにも使える（P87参照）。
28 油性マジックペン
メッセージを残す際に必要。
29 軍手

医療・衛生

感染症を防いだり手当てに使うアイテム

30 鎮痛剤
31 消毒液
32 うがい薬
33 マウスウォッシュ
34 ハッカ油
入浴できないとき数滴入れた水で体を拭くとサッパリする（P129参照）。
35 生理用品
36 救急セット
37 圧縮タオル（100均）
38 たためるシリコンコップ（100均）
何かを飲むときはもちろん、目を洗ったりちょっとしたものをつまみ洗いするのにも使える。
39 穴あきペットボトルキャップ
普段携帯しているものが壊れたり紛失した場合の予備。
40 45ℓゴミ袋
災害用トイレ（P122参照）を作るのに使ったり、頭からかぶって雨具代わりにもなるなにかと便利なアイテム。50枚は入れておきたい。
41 ガーゼ
42 包帯
43 絆創膏
44 トイレットペーパー
芯を抜いて圧縮小分け袋に入れておけば省スペース&雨に濡れずに使える。
45 サージカルテープ
包帯などを患部に固定するテープ。
46 携帯用ゴミ袋
47 使い捨てショーツ（100均）
避難所では洗濯が難しい。
48 ウェットティッシュ、おしりふき、からだふき（100均）
アルコール除菌タイプと肌に優しい成分のもの、両タイプを用意。

防寒・暑さ対策

避難所にはエアコンがない場合が多く対策が必要

49 レインジャケット・パンツ（100均）
雨具としてはもちろん、風を通さないので重ね着すれば防寒具にもなる。100均のもので十分。
50 アルミ製シート（100均）
51 使い捨てカイロ
夏でも避難所の床暮らしは冷えるので、あると便利。

服

3日分を用意

羽織るもの（パーカー・カーディガン）1枚、トップス3枚、ズボン2本、ブラトップ3枚（ブラジャーとキャミソールなどでもOK）、靴下3足、ショーツ1枚。ストール1枚。ショーツは、おりものシートを1日5枚×3＝15枚使う前提で少なめ。

寒いときはゴミ袋やアルミ製シートをかぶったり、服の上からレインジャケットやパンツを重ね着するとかなり暖かくなる。工夫次第で荷物を少なくすることは可能。雨に濡れないよう必ずビニール袋に入れて運ぶこと。

POINT…

非常用持ち出し袋 力のない人でもラクに背負える方法

非常用持ち出し袋をセットして満足するだけでなく、背負ってみてください。

前ページでご紹介した非常用持ち出し袋の中身をすべて入れると、およそ20kgになります。普段重いものを持ち慣れていない人にはしんどい重量かもしれません。背負うときに腰を痛めてしまったり、なんとか背負えても立ち上がれない人もいるでしょう。

うまく背負えなければ、ここでご紹介する背負い方を試してみてください。消防士が酸素ボンベなどの重いタンクを背負うときのやり方なのですが、力のない女性や子供が重いものを背負うときにも有効です。コツは、なるべく背中の高い位置で背負うことと、斜めに立ち上がること。

小1でも12kg程度を背負うことができる方法

歩ける年齢の子供と一緒に避難する際には、非常用持ち出し袋を子供にも背負わせる必要があります。以前、子供向けの防災講座でこの背負い方を教えたところ、小学校1年生でも12kgのリュックを背負うことができました。

いざというとき「背負えない」なんてことがないように、平時から予行演習しておきましょう。

1

膝立ちになり片方の背負い紐の根元をしっかりと持つ。根元を持たないとリュックの重さで紐が切れる可能性があるため。

2

リュックを背負う。なるべく首に近いところから背中全体で背負うと、正しい位置にリュックをのせやすくなる。

3

手を添えて支える
リュックを持つ手を
真下に引く

背負い紐を持っている手を真下に引き、リュックをできるだけ高い位置に置く。反対の手はリュックの底を支える。

4

紐を引っ張る
立ち上がる方向は
真上でなく斜めに

リュックを高い位置でキープするために調整紐を引っ張り、斜め前方に立ち上がる。真上に立つと腰を痛めます。

5

リュックが背中にしっかりのっているか確認＆調整。リュックの位置が高ければ高いほど重さを感じにくくなる。

6

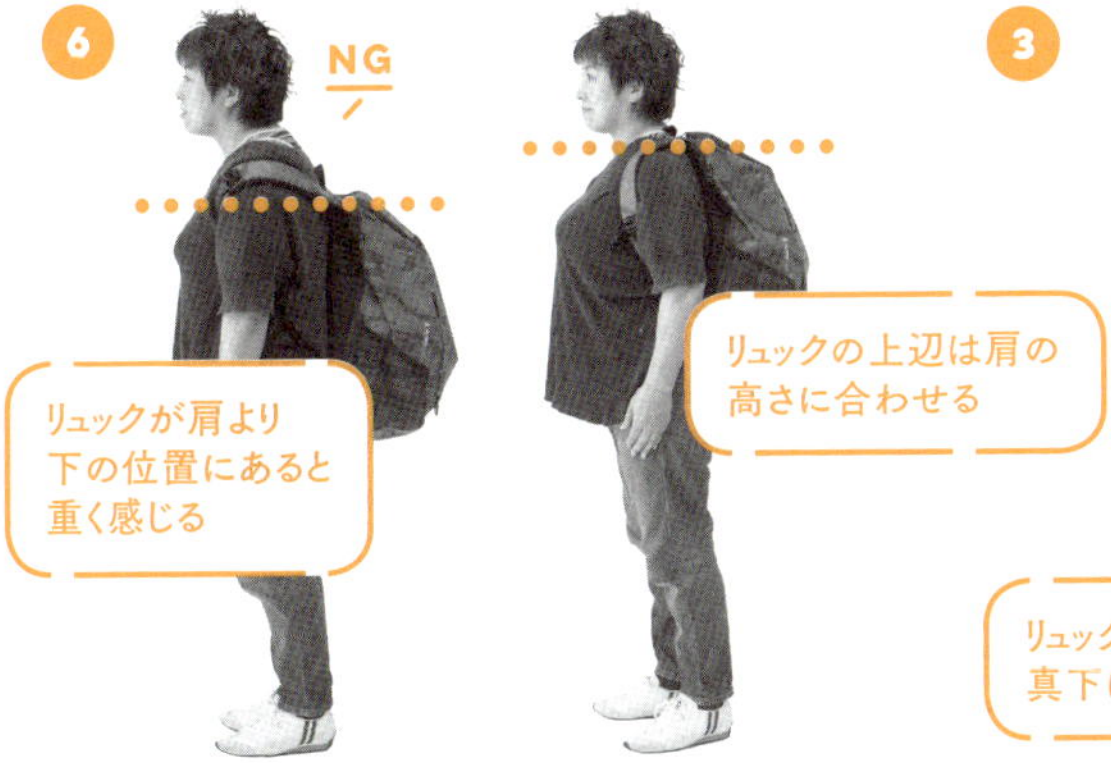
NG
リュックが肩より
下の位置にあると
重く感じる
リュックの上辺は肩の
高さに合わせる

⑤のおじぎの状態から姿勢よく起き上がる。リュックの上辺が肩と同じ位置にあればOK。低い位置だと重く感じ、腰も痛めやすい。

職場での備え

会社にいる限り、待っていてもレスキューはやって来ない

←

命のデッドラインとされる「72時間」以内に脱出を！

職場で被災する可能性も当然あり得ます。会社で寝泊まりすれば大丈夫と思うかもしれませんが、もし停電・断水になったら悲惨です。職場は人数に対してトイレの数が少ないことが多く、水が流せなくなったら地獄のように汚れるのは明らか。人が多い分、トラブルも起こりやすく、職場の人間関係が悪化しかねません。もし嫌いな上司がいたら、その人と寝泊まりすることにもなりかねないのです。職場で被災したら、指示されなくても72時間以内に脱出することを推奨します。

職場にいる限り、レスキューは来ません。会社にいる人は若いし体力もあるから大丈夫だろう、と後回しにされるのが現実です。

状況を見ながら、〝今だ〟と思ったらすみやかに脱出できるよう、体力を温存することに努めましょう。

職場で72時間生き延びるためのセット

会社に寝泊まりすればなんとかなるという考えは甘い

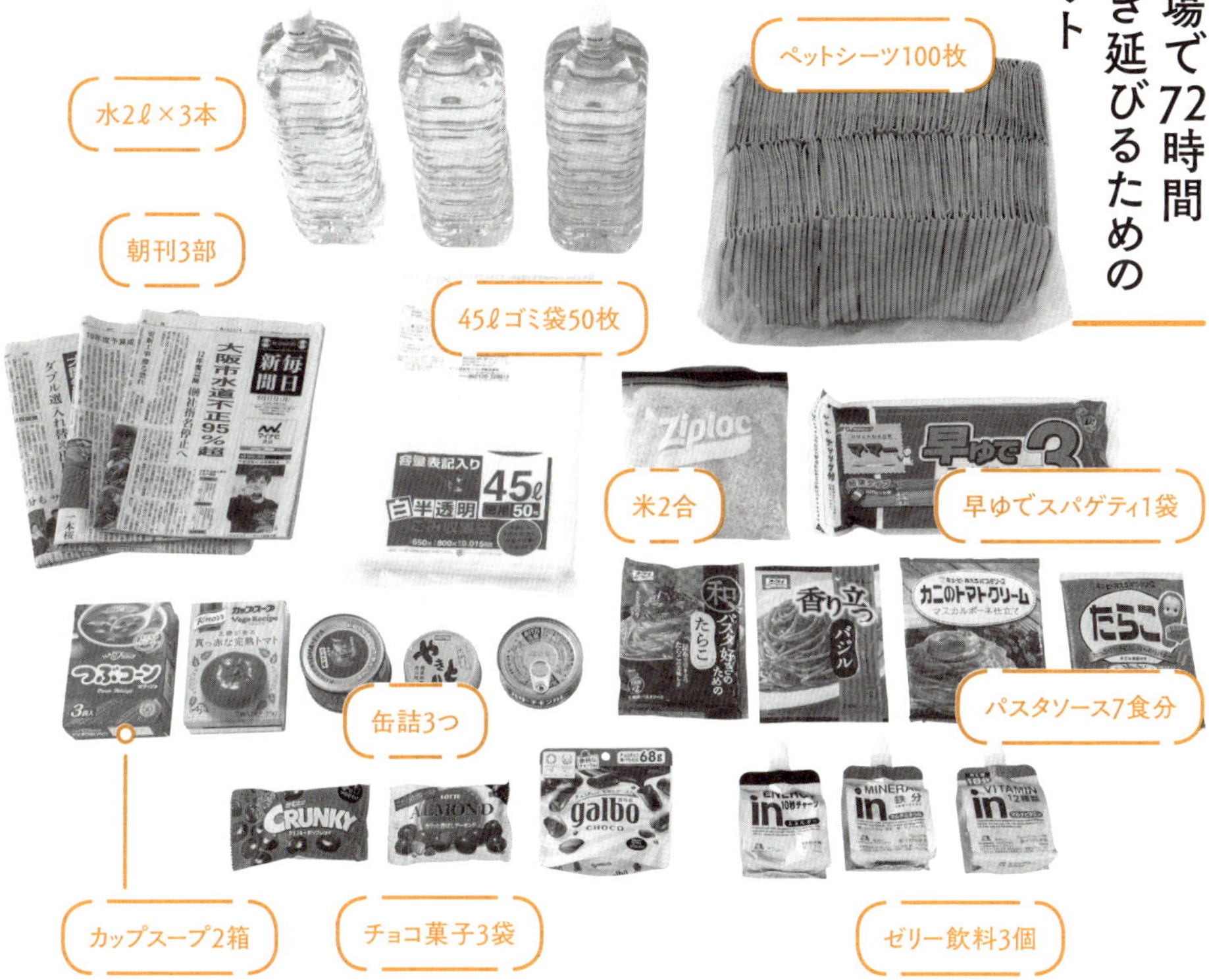

命のデッドラインとされる「72時間」を職場で生き延びる備えを教えます。

前ページでお話しした「トイレ問題」を解決するのが、ペットシーツと45ℓゴミ袋と新聞紙。これでP123でご紹介する「災害用トイレ」が作れます。ペットシーツ100枚、45ℓゴミ袋が50枚、朝刊が3部あれば、50回分はいける！　周りの人にも使ってもらい、トイレが汚れるのを防ぎましょう。

水・食料は上写真のものを備えておけば、ひとりなら72時間はしのげます。買い置きのお菓子を持っている人もいるはず。同僚同士、交換し合うなどして難局をともに乗り切りましょう。

できれば各部署に1台ずつカセットコンロを置きたいところ。ごはんも炊けるし、パッククッキング（P115）もでき、QOLが大幅に上がります。

「大げさだよ」と笑う人もいるかもしれません。でも、やりすぎなくらい備えて「大げさだったね」で済むのが防災の理想形。あなたが発信者となり、職場の備えを固めましょう。

常備品

防災にあまりお金はかけられないし、スペースにも限りがある

←

日常でも使えて、被災時にも役立つアイテムを常備しよう

防災のための予算もスペースもない、という人が大多数です。だからこそ、私は「防災グッズはあるもので代用しましょう」とお伝えしてきました。

また、日常生活にも使えて、被災時にも威力を発揮する「万能アイテム」を活用してほしいのです。

私が特にオススメしているのが、ペットシーツと新聞紙。ペットを飼っていなくても、新聞をとっていなくても、常備しておいて損はありません。

スーパーに置いてある水漏れ防止のポリエチレン製ビニール袋やコンビニ袋もなにかと重宝します。パッククッキング（P115）やオムツ（P133）を作ることだってできるのです。大量に持ち帰るのは粋じゃないので（笑）、100円ショップで購入しましょうね！

ペットシーツと新聞紙は万能選手

コスパも使い勝手も最高！
ペットがいなくてもぜひ常備を

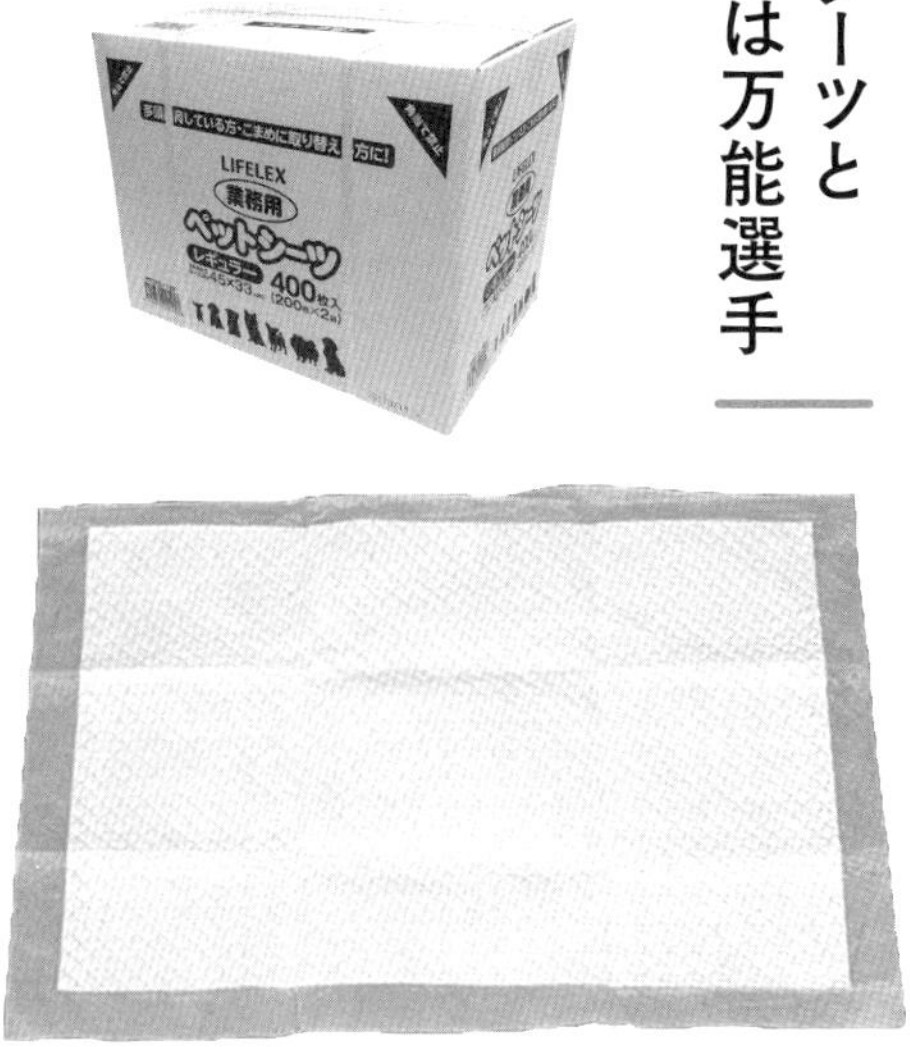

コーナン オリジナル 業務用ペットシーツ レギュラー400枚（200枚×2袋）2180円
※防災用品ではないので自己責任のもと使用してください。

買わなくても大丈夫な防災用品

災害用携帯トイレは
用途が限られる

実際に使ってみましたが、大のほうはきばれないので無理でした。子供も「恥ずかしい」と嫌がります。男性が小で使う場合ならありかも。

私の防災術に欠かせないのがペットシーツ。いろいろ試しましたが、一番よかったのがホームセンター「コーナン」のレギュラーサイズのペットシーツです。サイズ感、吸水性、コスパ。どれをとっても最高です。「防災用シーツ」なるものも売られていますが、素材と機能は大差なし。しかも、「防災」と名の付くものは値が張るので、コーナンのものが断然オススメです。

　ペットシーツは平時にも役立ちます。吸水性に優れているので、大量の飲み物をこぼしたときにも便利ですし、育児や介護をしている人なら、出先などでオムツが切れてしまった場合にペットシーツで代用できます。

　新聞紙も災害用トイレ（P123）を作ったり暖をとったり（P139）ストレス解消（P143）にも使える万能選手。コンビニや駅の売店で購入可能なので最低10部は常備することを勧めます。市区報や少年漫画誌などは新聞と紙質が近く、代用可能なものもあるのでチェックしてみてください。

COLUMN

これからの防災標語は「よいこ」です

従来の避難訓練の標語

お…押さない
は…走らない
し…しゃべらない

ツジナオ提唱! これからの標語

よ…よく見る
い…急いで逃げる
こ…声をかける

学校の避難訓練の際などにアナウンスされるのが「おはし」という標語です。「押さない」「走らない」「しゃべらない」の頭文字からとった標語なのですが、「これは避難訓練を安全に行うための標語では?」と以前から疑問に思っていました。

実際に被災して逃げる際には、「おはし」ではうまくいかないからです。津波が迫っていたら走って逃げる必要があります。「あっちに逃げろ!」などの声かけも大事ですから、「しゃべらない」は現実的ではありません。

「おはし」は、避難時にリーダーが引率してくれる場合はアリですが、自力で逃げる際は、「おはし」を守るとかえって危険を招く可能性もあります。

「よいこは助かる」と覚えよう!

そこで提唱したい新・防災標語が「よいこ」です。「よく見る」「急いで逃げる」「声をかける」の3つが大事、と覚えてください。

「よく見る」は、周囲の状況やどこに逃げるべきかを〝よく見る〟ということと、TVやラジオ、SNSなどからの情報収集をしっかりすべき、という意味も含みます。

「急いで逃げる」は、危ないところにとどまらず、すみやかに逃げるのが大切ということです。

「声をかける」には、あなたに発信者になってほしいという願いを込めました。恐怖でうずくまっている人に声をかけるだけで我に返ることもありますし、情報を取れない人に「あっちに走れ!」などと伝えてあげてほしいのです。声を出すことで、自分自身が落ち着くという効果もあります。

第二章

災害発生！　72時間を生き延びる方法

地震

地震が「海溝型」か「直下型」か判断できると生存確率が上がる

緊急地震速報と「揺れ」のどちらが先かに注目を

災害に遭遇したとき、とっさにどのような行動をとれるかで、その後の被害の大きさは変わります。地震の揺れを感じたとき、何をおいてもやらなくてはならないのは、落下物から身を守ることです。ダンゴムシのポーズ（P60～）で頭（延髄《えんずい》）を守りながら、揺れが収まるのを待ちましょう。

地震の種類は大きく分けて「海溝型」と「直下型」の2種類があります。

海溝型は最初小さく縦に揺れた後、ゆっくりとした大きな横揺れが数分間続くのが特徴です。多くの場合、緊急地震速報が鳴った後に揺れます。

直下型は緊急地震速報が鳴るよりも早く、いきなりドンと突き上げるように大きく縦揺れし、40～50秒程度で揺れが収まります。

揺れが止まったら、周囲の状況を確認し、安全な場所に移動します。

緊急地震速報の鳴るタイミングで地震のタイプを判断できる

鳴った後に揺れる ← 緊急地震速報が → 鳴る前に揺れる

海溝型地震

揺れ方	始まりはゆるやかに揺れ、ゆっくり回りながらだんだん強くなる
時間	長い(2〜3分)
特徴	広範囲で揺れる 津波が起きる
対処法	海・河川の近くにいる人は高いところに逃げて!

直下型地震

揺れ方	ズドンと突き上げてから横揺れ
時間	短い(1分以内)
特徴	自分の住んでいるエリアに近いところだけが揺れている
対処法	揺り返しがあり得るので逃げるかとどまるか冷静に判断を

大地震が起きたとき、それが「海溝型」か「直下型」かの判断ができると、生き延びる確率がグッと上がります。

緊急地震速報が鳴ってから揺れるのが「海溝型」、鳴る前に揺れるのが「直下型」と覚えてください。

なぜどちらのタイプか判断することが大事なのかというと、その後にとるべき行動を決めやすくなるからです。

海溝型の場合は津波が起きます。津波で多くの方が犠牲になった東日本大震災は、海溝型地震でした。ですから、海や河川の近くにいる人はなるべく遠くの高いところに急いで逃げる必要があるのです。

一方、直下型の場合、津波はきません。こちらは強い揺り返しがあり得るので、倒壊する恐れのある建物にいる場合は、避難を決断しなければなりません。熊本地震は直下型でしたが、死者全体の7割を超える37人が家屋の倒壊により犠牲となりました。避難するかとどまるか、TVやラジオ、SNSなどから情報収集しつつ冷静に判断を。

POINT …

地震

地震が起きたらどこにいても即座にとろう「命を守るダンゴムシのポーズ」

地震から身を守るために、必ず実践してほしいのが「命を守るダンゴムシのポーズ」です。

地震が起きたとき、大切なのは①頭（延髄）、②太い血管が流れている首や手首を守ること。そのために最適なのが、このダンゴムシのポーズなのです。

小さなお子さん（3歳以上）でも、練習すれば自分でこのポーズをとることができます。左ページの手順を参考にしながら、家族みんなで試してみましょう。

いざというとき、とっさにダンゴムシのポーズをとれるかどうかで、命を守れる確率は大きく変わります。ただし、スムーズに動けるようになるためには、やはり練習も必要です。

緊急地震速報はダンゴムシのポーズ実践のチャンス

防災講座では、講座の最中に突然、ピッと笛を吹き、ダンゴムシのポーズをとってもらいます。みんな最初はすぐ動けませんが、数回やると慣れてきます。緊急地震速報のアラートが鳴ったときも、練習だと思ってぜひダンゴムシのポーズをとってください。

日頃から習慣づけておけば、緊急地震速報も鳴らずにいきなりドンと揺れる「直下型」にも対応できるはずです。

片方の手のひらで首の後ろ（延髄）を覆い、もう一方の手とクロスさせて

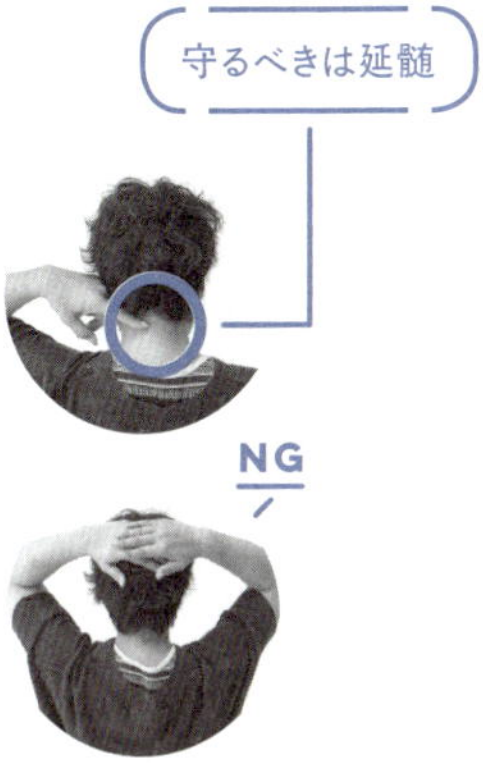

頭を守ることに必死になるあまり、首の後ろ（延髄）が無防備になっては本末転倒。延髄を守ってこそのダンゴムシのポーズです。

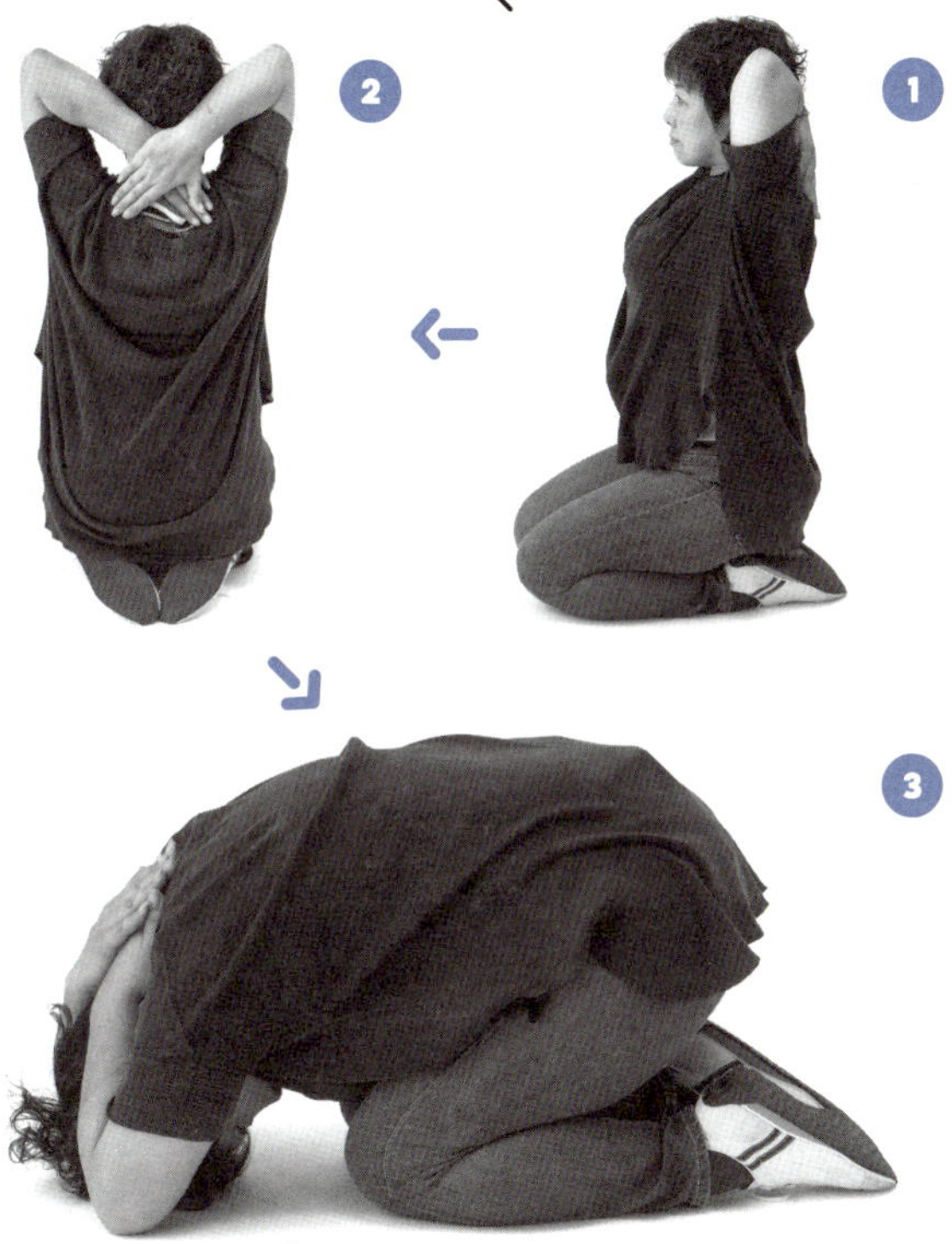

手を②の位置にキープした状態で体を前に倒し、頭頂部を床につけます。これで万が一ものが落ちてきても、頭や首を守ることができます。ダンゴムシのポーズは３歳以上であれば子供でもできるので、普段から家族みんなで練習しましょう。

最も安全な体勢。ダンゴムシのポーズ

子供と一緒のとき

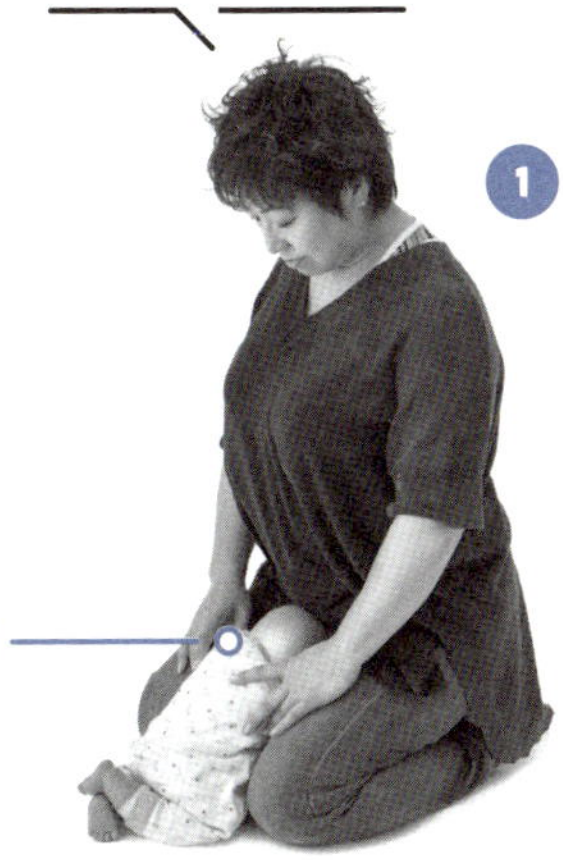

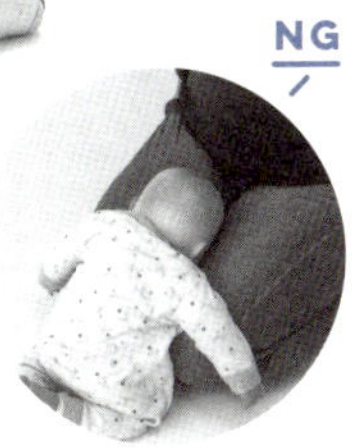

赤ちゃん〜３歳未満の子供は太ももにはさみ込み、上から覆うようダンゴムシのポーズをとって守ります。窒息やケガをさせないよう太ももの間はゆったり開け、子供の肩や腕もしまい込むこと。

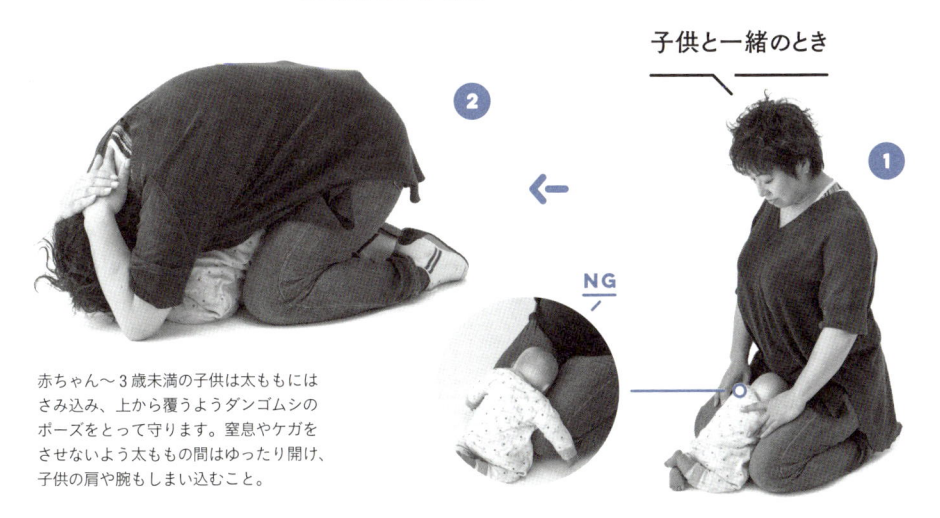

POINT…

地震

頭上からの落下物対策は雑誌やバッグを正しいポーズで掲げて

地震が起きたら、何はともあれ、頭上への落下物から自分の身を守ることが最優先です。防災用ヘルメットや防災頭巾などが近くにあれば、すぐかぶります。ただ、実際にはいつどこで地震が起きるかわかりません。雑誌など、頭を守れるものが手近にあれば有効活用しましょう。

ただし、単にアイテムを頭の上に掲げるだけでは頭を守ることはできません。重要なのは①頭から少し離した状態でまっすぐ持ち、②手首は内側に向け90°をキープ、③脇はしっかりしめるという3点です。やりがちですが、アイテムを頭にぴったりくっつけた状態では、落下物の衝撃がそのまま頭や首に伝わるので、必ず頭から少し離すようにしましょう。

持っているものは最大限利用するのが生き延びる秘訣

普段、雑誌などを持ち歩かないという人も、大丈夫です。頭の上に掲げるのは持っているバッグなどなんでもかまいません。ものによって強度が弱くなるかもしれませんが、何もないよりはずっといいと考えましょう。

そして、頭を守れる確率を最大限に高められるよう、正しいポーズをマスターしましょう。

OK

手近にある雑誌やバッグを頭の上に掲げ、落下物の衝撃を少しでも軽減しましょう

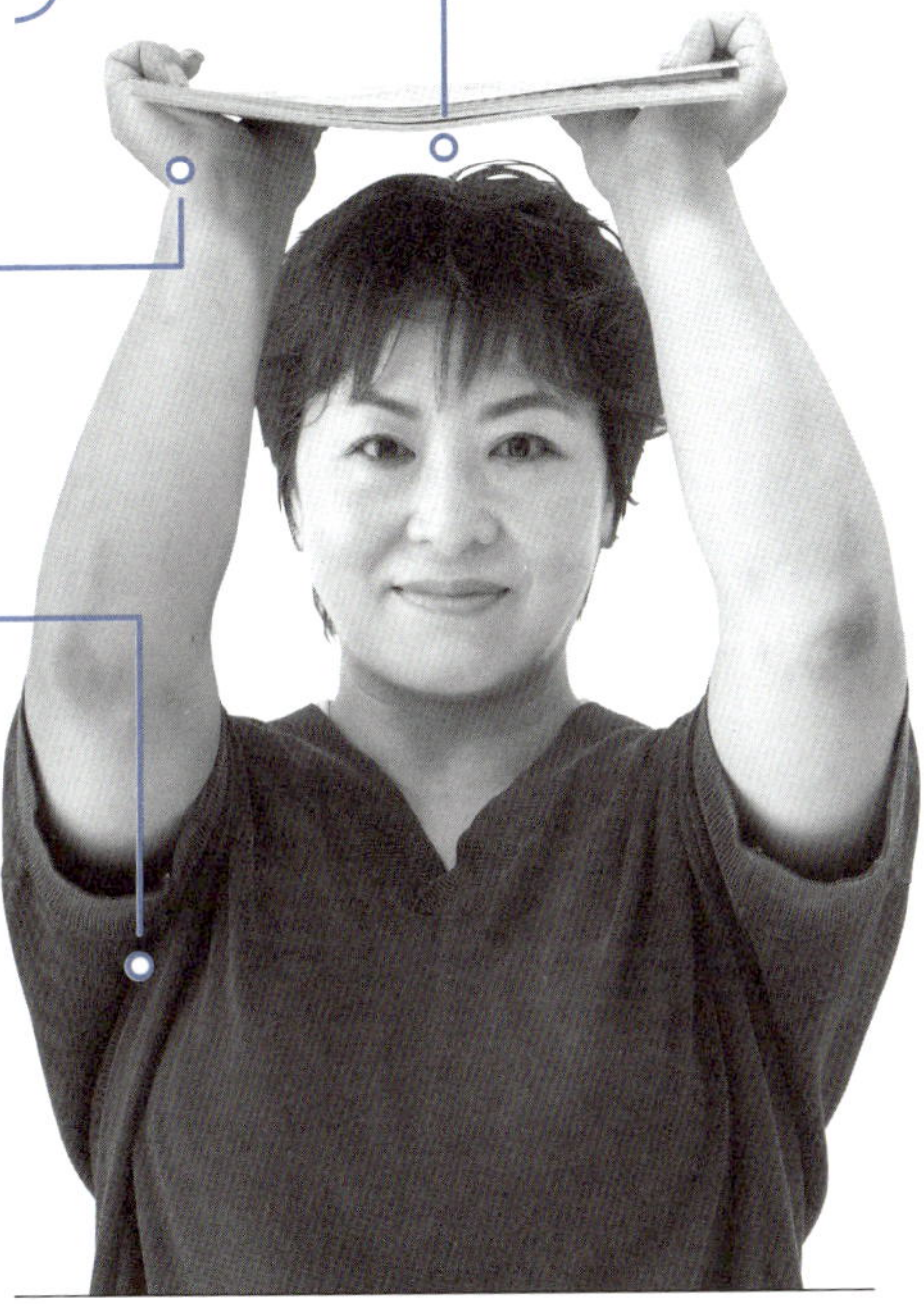

頭から10cmほど離した位置でまっすぐ持つ
手首は90°に
脇はしめる

雑誌やバッグを頭の上に掲げるときは頭から10cmほど離した位置でまっすぐキープしましょう。脇はしっかりしめてください。落下物が直接ぶつかるのを避けるだけでも、命が助かる可能性が高まります。

NG

せっかく頭を守るアイテムがあっても、持ち方を間違えると安全度がダウン!

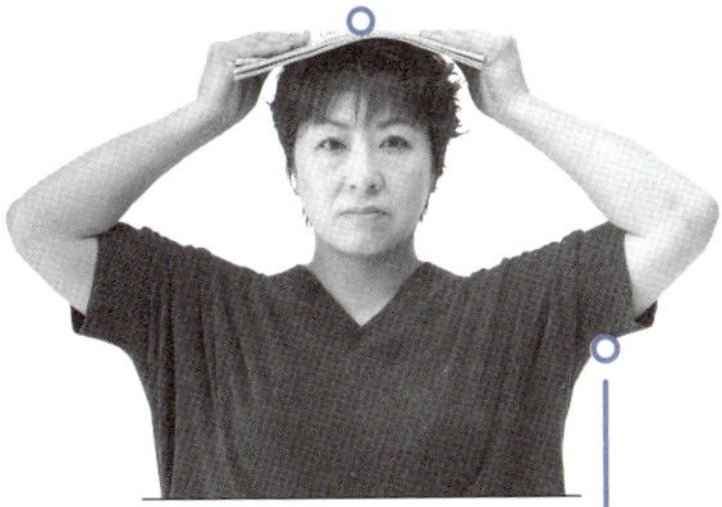
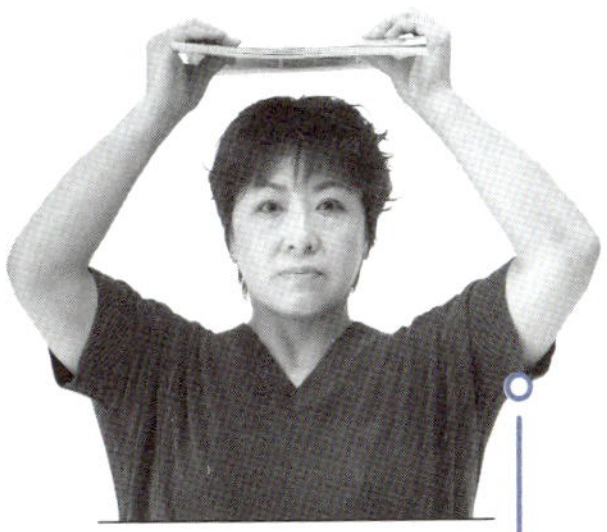

頭にくっつけている
脇があいている

よくある失敗のひとつが「雑誌やバッグを掲げるとき、頭につけてしまうこと」。また、手首が開いていたり、脇がゆるんでいたりすると効果半減なので気をつけましょう。

POINT

地震直後

路上ではものが倒れてこない場所へ移動。車がいなければ道の真ん中へ

路上には落下する危険のあるものや、倒れてくる可能性があるものが、想像以上にたくさんあります。

地震で倒れるものといえば、ブロック塀がおなじみですが、大阪北部地震（震度6弱）では神社の鳥居も倒れました。もっと身近なところでは電信柱や自動販売機、フェンスの金網も要注意です。高く積み上げてある荷物が倒れてきて巻き込まれるかもしれません。

安全な場所に移動するのは揺れが収まってからが鉄則ですが、明らかにものが落ちてきたり、倒れてきそうな場所にいる場合は、すぐ逃げてください。

車がいなければ、道の真ん中に避難するのも手です。災害時には日常の常識は捨てましょう。

「怖いから目をつぶる」は最悪の選択だと心得て

ここが「いてはいけない場所」だと認識できると、人は反射的に逃げ出します。しかし、恐怖心が先に立つと、周囲の状況も確認せずにしゃがみ込んだりしがち。ただ茫然と立ち尽くしている人も珍しくありません。災害時には、ハッと我に返るまでの数十秒で明暗が分かれることもあります。自分の身にどんな危険が迫っているのか、しっかり確認するクセをつけましょう。

路上にいる場合

車がいなければ道の真ん中に避難を

普段はあまり意識することがないけれど、実は路上には看板や窓ガラスなど危険が潜んでいます。自動車がこないことを確認したうえで、道の真ん中など落下物や倒壊物の危険が少ない場所に素早く移動しましょう。

大阪北部地震（震度6弱）では神社の鳥居が倒れ、ブロック塀が倒壊した

落下する危険のあるものからは離れること！

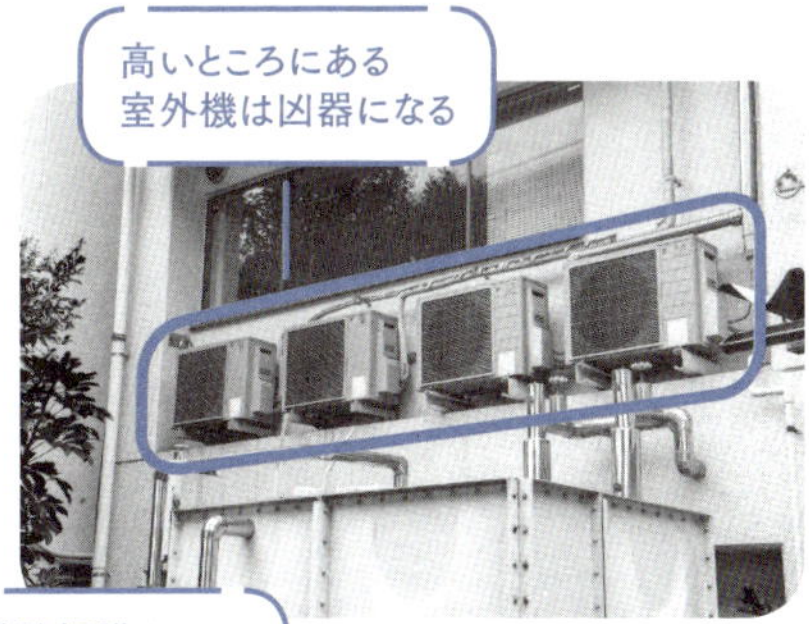

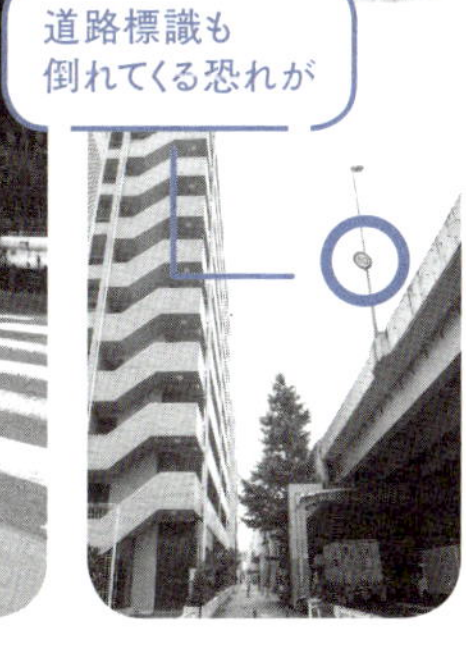

電線が切れて襲ってくることも
街灯・信号機が落ちてくる恐れあり

高いところにある室外機は凶器になる

道路標識も倒れてくる恐れが

意外と気づかない頭上のクレーン

特に気をつけたいのが目の高さより上にある、落下する可能性があるものです。たとえば、高いところに設置された室外機や道路標識、街灯や信号機など。地震があると、これらが一斉に落ちてくるかもしれません。切れた電線や工事現場のクレーンも要注意です。ボーッと道を歩いているだけではこうした危険に気づかないし、とっさの判断も難しいもの。日頃から「もし今、地震が起きたら……？」というシミュレーションを習慣づけましょう。

POINT…

地震直後

自宅やオフィスではできるだけ安全な場所で頭を守り、揺れが収まるのを待つ

自宅での危険度は部屋によっても異なります。特にキッチンは危険物の宝庫。キッチンで揺れを感じたら、背の高い家具や鏡などがない部屋にすみやかに移動し、ダンゴムシのポーズ（P60～）で揺れが収まるのを待ちましょう。最近のストーブやガスコンロは揺れを感知すると自動的に火が止まるので、無理に火を止めにいこうとするのはかえって危険です。

職場でも同様に、オフィスの中で最もものが落ちてこない、ものが倒れてこない場所を見つけて、ダンゴムシのポーズ。一般的には机の下が安全を確保しやすいでしょう。このとき、クッションなどがあると頭を守るのに役立ちます。リビングのソファ、オフィスの椅子などにクッションを置く習慣をつけておくと、いざというときに身を守るアイテムとして活躍してくれます。

大きく揺れる中、逃げ出すのは転ぶリスクが高まるので要注意

揺れが収まったら、出口までの脱出ルートを確認します。このときも次の揺れに備えて、落下や倒壊の可能性があるものに細心の注意を払いましょう。

揺れが激しい中、慌てて飛び出すと転倒してケガをする危険性が高まるので冷静に。

自宅にいる場合

頑丈なテーブルの下で
ダンゴムシのポーズ！

手でテーブルを押さえると
落下してきたもので
ケガをする恐れが

テーブルを押さえるより
ダンゴムシのポーズを

地震発生直後に最も重要なのが落下してくるものから身を守ることです。テーブルの下に潜って安心するのではなく、しっかりダンゴムシのポーズをとり、首の後ろ（延髄）を守りましょう。焦りや恐怖からつい、テーブルの端を掴みたくなりますが、ケガのもとです。

机の下で最初の揺れをやり過ごそう

職場にいる場合

クッションやスニーカーは常備しよう

オフィスはものが多く危険な場所。パソコンや書類が雪崩になって落ちてきてケガをする可能性も。机の下でダンゴムシのポーズをとり最初の揺れをやり過ごしたら、周囲を観察しながら素早くスニーカーを履き、安全な脱出ルートを見極めましょう。

POINT…

地震直後

スーパーやデパート、飲食店ではカゴやテーブルを利用して頭を守る

スーパーやデパートなどで買い物をしている最中や、飲食店で食事中に地震に遭うことも考えられます。

そんなときは、まずは頭（延髄）を守りながら、揺れが収まるのを待つように。スーパーなら買い物カゴ、飲食店ならテーブルなど身を守るのに使えるものはなんでも使いましょう。

揺れが収まったら、天井からの落下物や陳列棚を避け、エレベーターホールや広い廊下などの安全な場所に移動します。スーパーやデパートでは災害避難マニュアルが決まっていることがほとんど。勝手に出口に殺到するとパニックを誘発し、自分も周囲も危険にさらしかねません。係員の指示に従って、落ち着いて避難しましょう。

地下街にいたら何はともあれ地上を目指すこと！

一方、地下街で地震に遭ったときは、のんびり様子を見ている余裕はありません。揺れが収まったら、一刻も早く地上を目指します。地震の後、建物が火事になったり大量の水が流れ込んできたら逃げられないからです。ただし、慌てるのはケガのもと。たいてい出口は複数ありますから、周囲の状況をしっかり観察し、比較的空いていそうな出口からすみやかに脱出しましょう。

買い物中の場合（スーパー・デパート・地下街にいる時）

カゴの中身はためらいなく
その場に落とすのが上級者

ドサーッ
ドサーッ

買い物カゴを頭や首（延髄）を守るアイテムとして活用

買い物中に地震があったら、手近なもので頭と首（延髄）を守ります。使い勝手がいいのが買い物カゴです。中身は気にせず、その場にバーッとぶちまけ、空っぽになったカゴをすぐさま頭からかぶりましょう。この一瞬の判断が「助かる命・助からない命」の分岐点になると心得て。

飲食店にいる場合

ナイフ、フォーク、
皿、コップは
ためらわず床に落とす

ナイフやフォーク、皿、コップは凶器になる

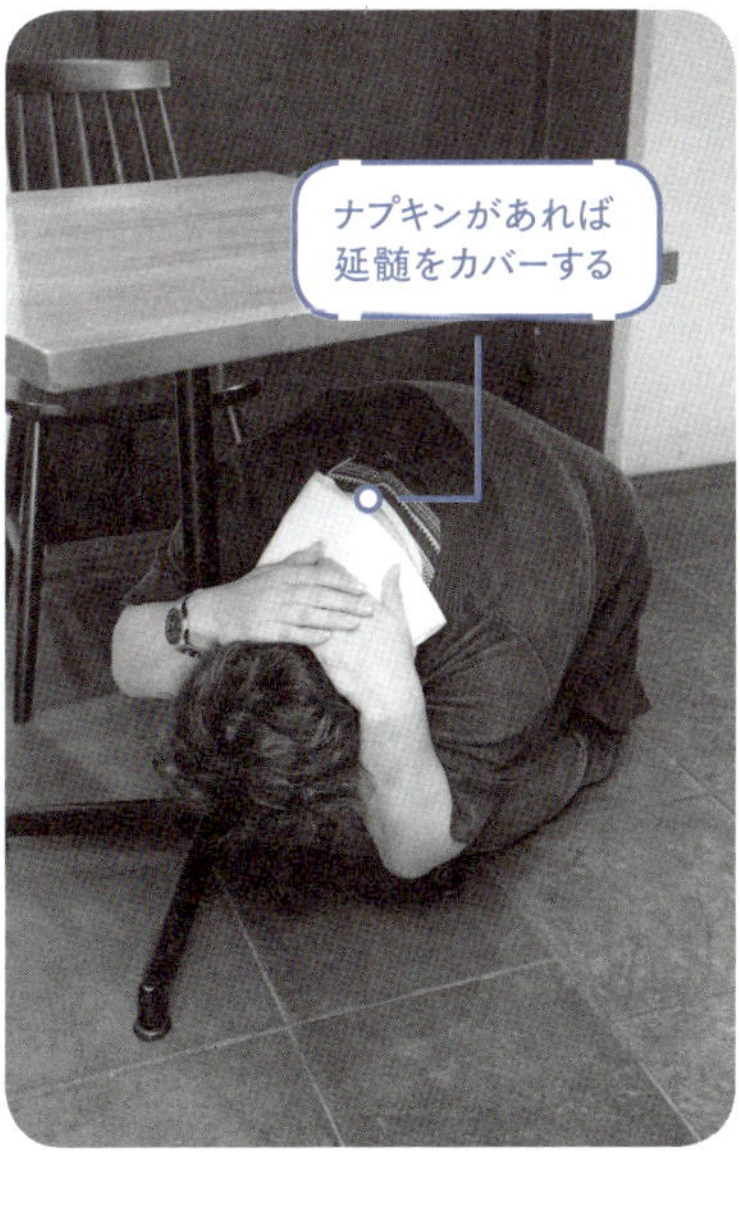

ナプキンがあれば
延髄をカバーする

ナプキンで延髄を守り、ダンゴムシのポーズ

飲食店にはナイフやフォークをはじめ、飛んでくると大ケガをしかねない危険なアイテムがたくさんあります。床に落として飛んでくるのを防ぎ、テーブルの下でダンゴムシのポーズを。揺れが収まったら周囲を見回し、安全かつ混み合っていないルートを素早く確認して、迅速に避難します。

POINT…

地震直後

電車に乗っているときの地震では緊急停止による転倒に注意！

電車に乗っている最中の地震で怖いのは、緊急停車による転倒。手すりやつり革をしっかり握り、急ブレーキの衝撃に耐えてください。座っている場合には頭を低くし、バッグなどで頭を守り足を踏ん張ります。

実は、立っているよりも座っているほうがつかまるところがないので吹っ飛びやすいのです。そのため、私はよほどのことがない限り、電車では座りません。網棚の荷物が飛んでくる可能性もあるので用心を。

停車後は乗務員の指示に従い避難します。勝手に線路に降りると、後続の列車にはねられるリスクがあるので厳禁です。電光掲示板や屋根が落ちてくることもあるので頭上に注意して。

エレベーターに閉じ込められたら外部に連絡をとり、救助を待つ

エレベーターに乗っているときに地震があったら、すべての階のボタンを押します。新しいエレベーターであれば、最寄りの階に自動停止しますが、旧機種にはその機能がないこともあるためです。

閉じ込められてしまった場合には非常用呼び出しボタンやインターフォンでエレベーター会社に連絡を。体力を温存しながら救助を待ちましょう。

電車に乗っているとき・駅にいるときの場合

頭上の電光掲示板などが
落ちてくる可能性あり!

電車に乗っているときは急ブレーキ時が最もケガのリスクが高い瞬間です。駅にいるときは、すぐに頭上をチェック。電光掲示板など落下する可能性があるものからすみやかに離れ、構内アナウンスに耳を澄ませましょう。落ち着いて情報収集し、冷静に行動することが何よりも大切です。

持っているバッグを掲げて
頭（延髄）を守りましょう

エレベーター内の場合

近い階で止まれば脱出のチャンスあり

閉じ込められたら体力を温存し、救助を待とう

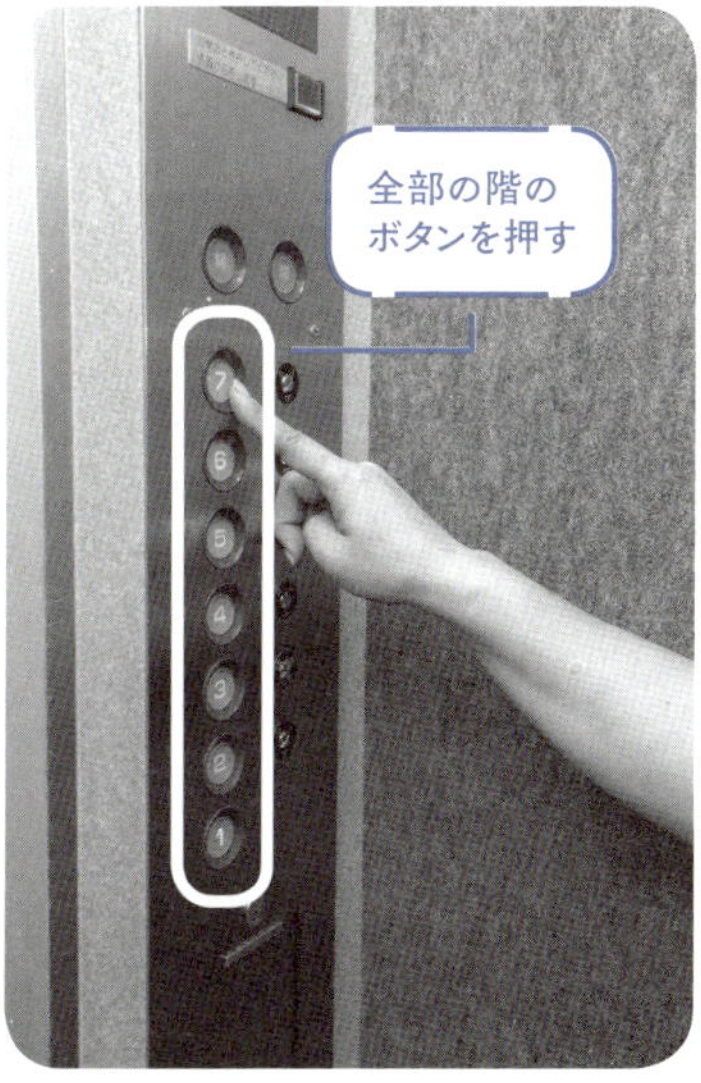

地震でエレベーターに閉じ込められたときに最優先すべきは体力の温存。床に敷きものを敷き、腰を下ろしてゆっくり救助を待ちます。このとき、壁の平らな部分に寄りかかるよりも、四隅に座ったほうが肩や背中が疲れません。

POINT …

地震直後

閉じ込められたら体力を温存しながら音を鳴らし、自分の存在を知らせる

がれきに閉じ込められたとき、大声で助けを呼ぶのは体力を消耗する原因になります。防災笛を吹いたり壁や配管を叩いて周囲の人に存在を知らせましょう。発災3分後、15分後、30分後、1時間後は必死でやるべきですが、それ以降は1時間に1回にするなど、体力温存のためにペース配分を。

レスキュー隊は音響探知機を使って超音波で音をキャッチするので、壁を手でドンドン叩くより、硬いもので配管など金属製のものを叩くほうが見つけてもらいやすくなります。

がれきを動かそうとするのはやめましょう。不用意に動かすことで支えがなくなり、大きな家具が倒れてくるなど、被害が拡大する可能性もあります。

部屋の片付けは安全を確保した後キッチンからスタート

メチャクチャになった部屋を片付けるのは「安全が確保されてから」が大前提。食を確保するためにキッチンから片付けます。次に寝室を整え、寝床を用意できれば、自宅避難するための最低限の環境を整えることができます。

リビングは後回しでもかまいません。くつろぐのは寝室でもできますから。焦って片付けようとせず、体力と相談しながら少しずつ進めること。

閉じ込められたら

助けを呼ぶなら防災笛！大声は体力を消耗するのでNG

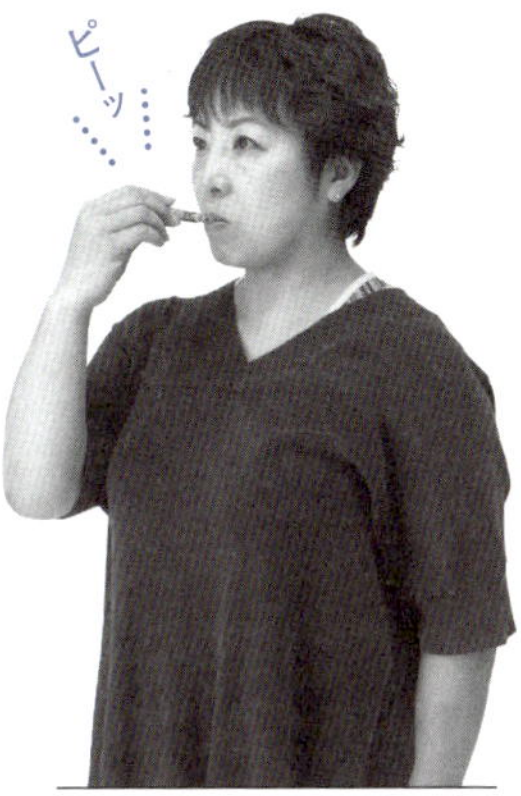

大声で助けを呼んでも体力を消耗するばかりです。１分後、３分後、15分後と時間を決めて防災笛を吹き、存在を知らせましょう。

壁の硬い部分を傘などで叩いて知らせるのも◎

大声と同様、手で壁を叩くのも体力を奪われるので避けたい方法です。金属の棒があったら有効活用を。もちろん傘でもかまいません。

片付けはキッチン→寝室→リビングの順で

凶器の多いキッチンから片付ける

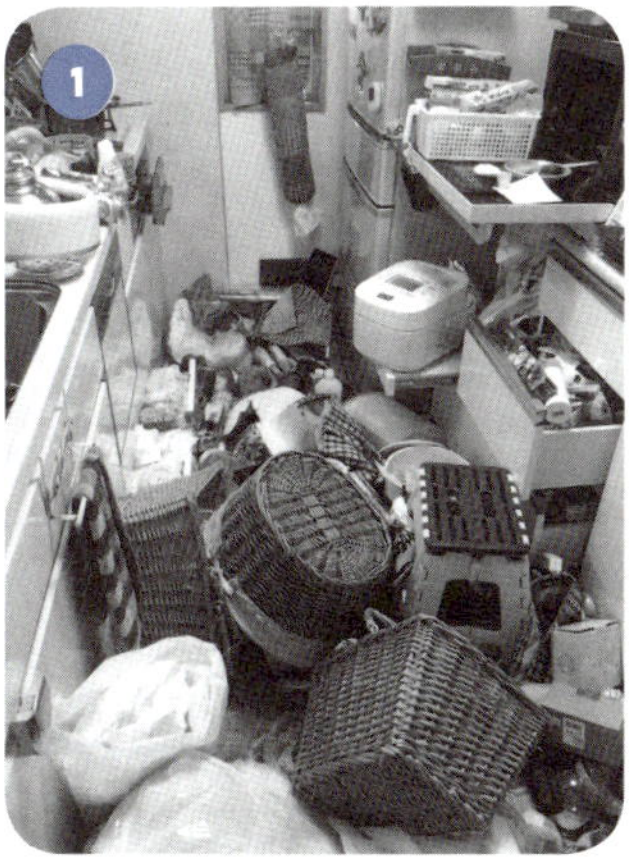

震災後の片付けは「キッチンから開始」が基本です。凶器になるアイテムが多く、片付かないと食事がとれないためです。散らかっていても、避難生活の支障が少ないリビングは後回しに。

寝室を整えて寝床を確保

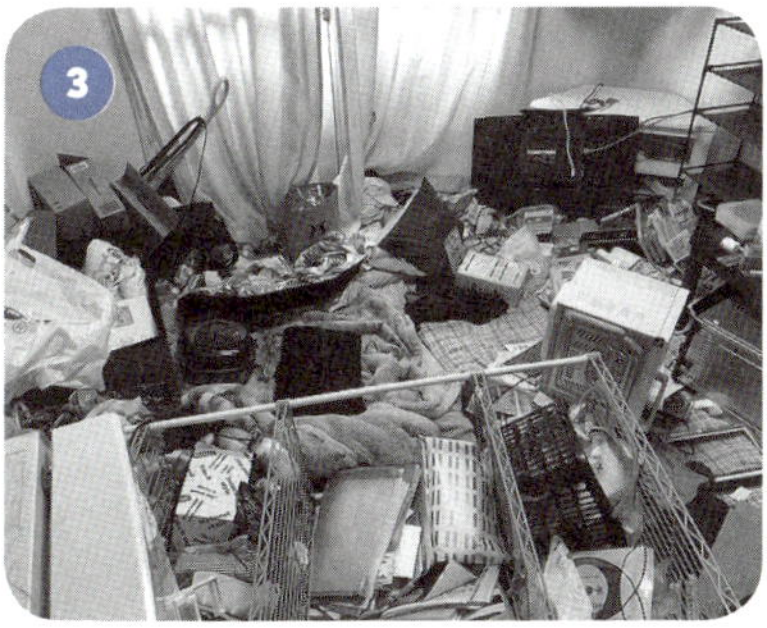

リビングは最後に片付ける

POINT

地震直後

靴がない場合は新聞足袋で足元の安全を確保しよう

地震が起きたとき、食器や窓ガラス、鏡が割れて飛び散るなど、足元が危険な状態になることがあります。部屋中にものが散乱し、ボールペンやハサミ、カッターを踏んでケガをすることも。耳かきが足に貫通したという話も聞きました。

普段であればたいしたことがないケガも、災害時には一大事。足が痛くて、避難しようにも歩けなくなるという事態も考えられます。治療を受けたくても、病院がやっていない可能性も。

避難する際や部屋を片付ける際には足にケガをしないように細心の注意を払う必要があるのです。

部屋に靴を置きたくない人にオススメの「新聞足袋」

部屋に革製の丈夫なスニーカーを置いておくのがベストですが、心理的に抵抗があるという人も多いので、そうした向きには「新聞足袋」をオススメしています。朝刊サイズの新聞紙が3枚あれば、「新聞足袋」を作り、足元の安全を確保することができます。靴はイヤでも新聞なら部屋に置けますよね？ 強度を上げるためにスリッパや靴の上から履くことも可能です。慣れれば数分で作れるので、日頃からぜひ練習しておきましょう。

新聞足袋の作り方

使用するもの

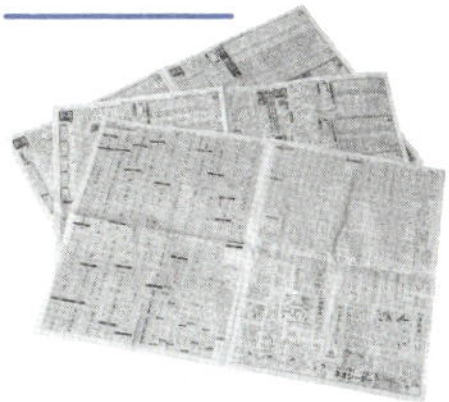

片足につき、朝刊サイズの新聞紙を3枚分。補強するためにガムテープなどがあると便利。

1

新聞を大きく広げ、3枚重ねます。短い辺が手前にくるよう、床に置き、5cm幅に一度折ります。

2

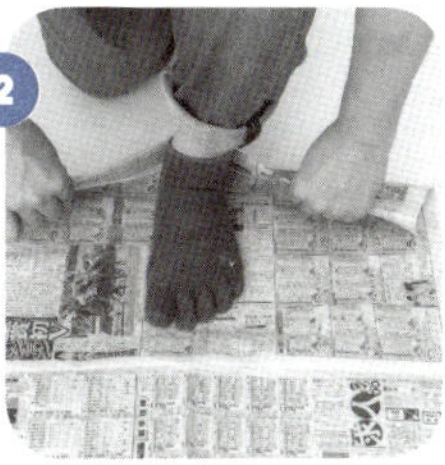

①足首は前傾させ、5cm幅に折った部分の中央にのせ、新聞をアキレス腱に巻きつけます。

3

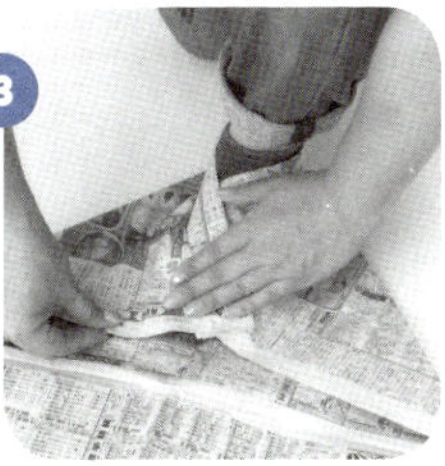

足の形にピッタリ添うように新聞を左右交互に一度ずつ折ります。これが「タケノコ折り」です。

4

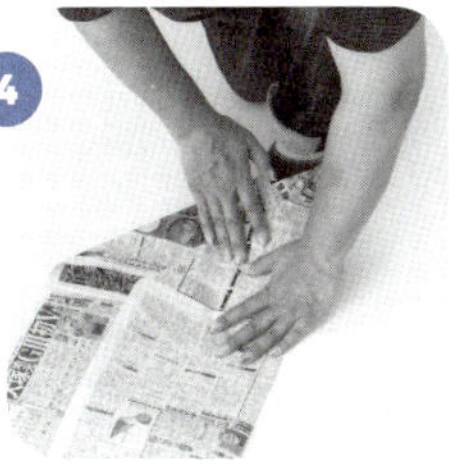

隙間が空かないよう気をつけながら形を整え、もう一度新聞を巻き付けるように折ります。

5

新聞紙の先の部分も折り返していきます。

6

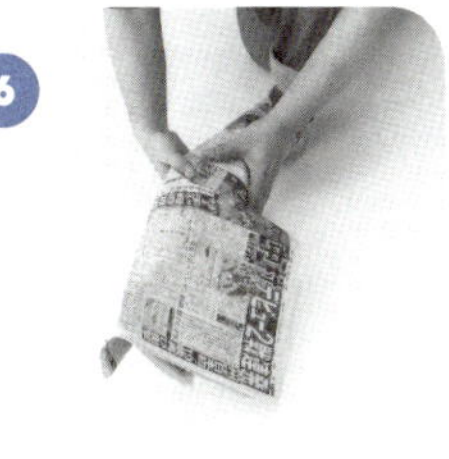

最終的に全体が足の幅ぐらいになるように形を整えていきます。

7

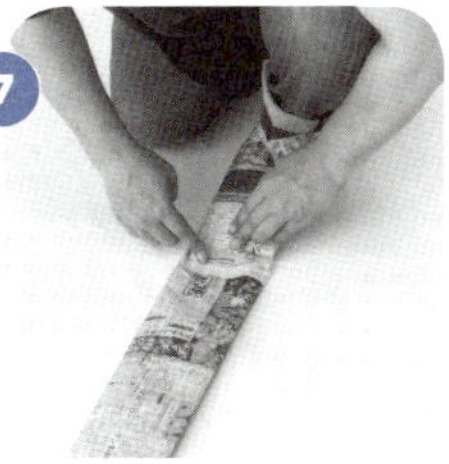

⑥をつま先から1cmぐらい空けた位置で後ろに折り、かかとのほうに曲げていきます。

8

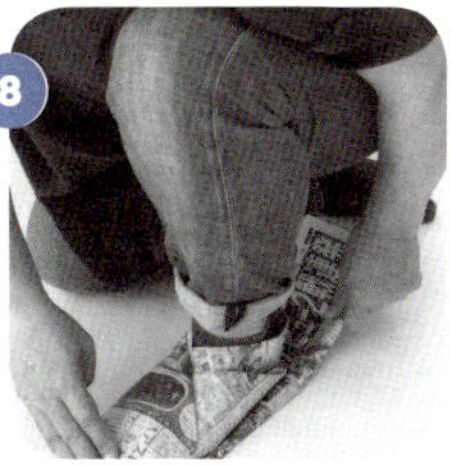

形を崩さないように気をつけながらタケノコ折り部分を少しゆるめ、いったん脱ぎます。

9

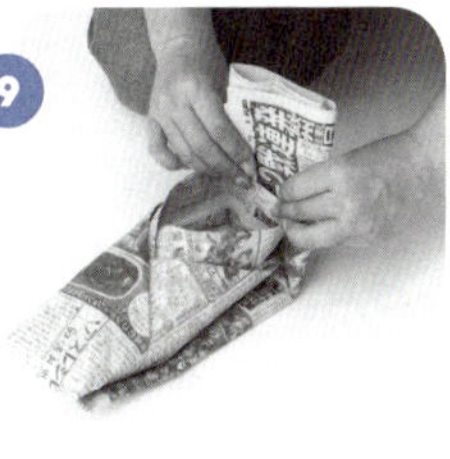

⑧の後ろにはみ出している部分を生かして、かかとの部分に折り込みます。

10

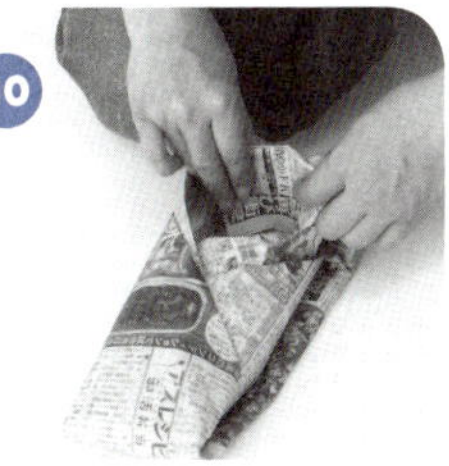

折り込むときはかかとから足首にかけての部分が少し高くなるように調整するのがポイント。

11

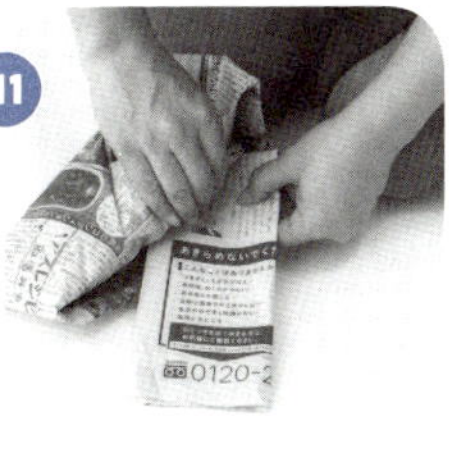

余った新聞があれば、長方形に折り、二重底になっている部分に入れると補強になります。

水害

近年は集中豪雨や超大型台風、豪雪など水害のリスクが増大しています

水害は1年中起こり得る。情報収集と備えを欠かさずに

2019年10月には、台風19号による豪雨で、川の堤防が壊れる「決壊」が7つの県が管理する71もの河川で発生しました。全国で少なくとも8万棟以上の住宅が水につかり、2万棟以上の住宅が全半壊や一部損壊の被害を受けたと報じられています（2019年11月13日現在）。

　地球温暖化の影響もあり、経験したことがないような自然災害が次々に発生しています。日本に接近・上陸する台風が増え、大雨や洪水、暴風、高波をもたらしているほか、集中豪雨による水害や土砂災害も頻発しています。以前は台風は9月に発生することが多かったですが、近年は5〜11月の間に大型の台風が発生するようになっています。雨だけでなく、豪雪による被害も増加しているので、水害のリスクは1年中あると思って備えましょう。

ハザードマップで自宅や職場の危険度を把握しておこう

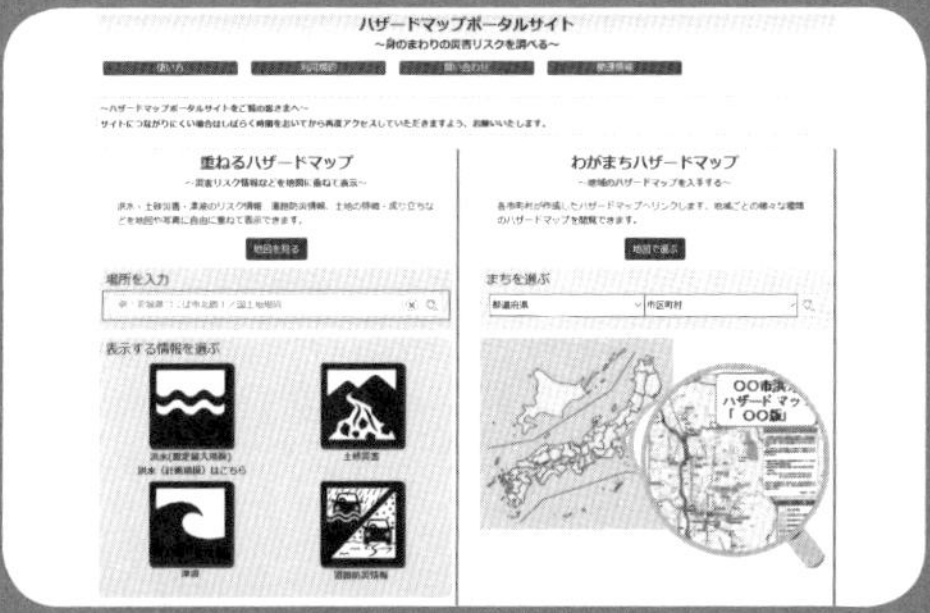

ハザードマップは災害発生時にどこでどのような被害があるか予測した地図です。各自治体から配布されているほか、インターネットでも見られます。

浸水エリアは素早い避難判断が必要

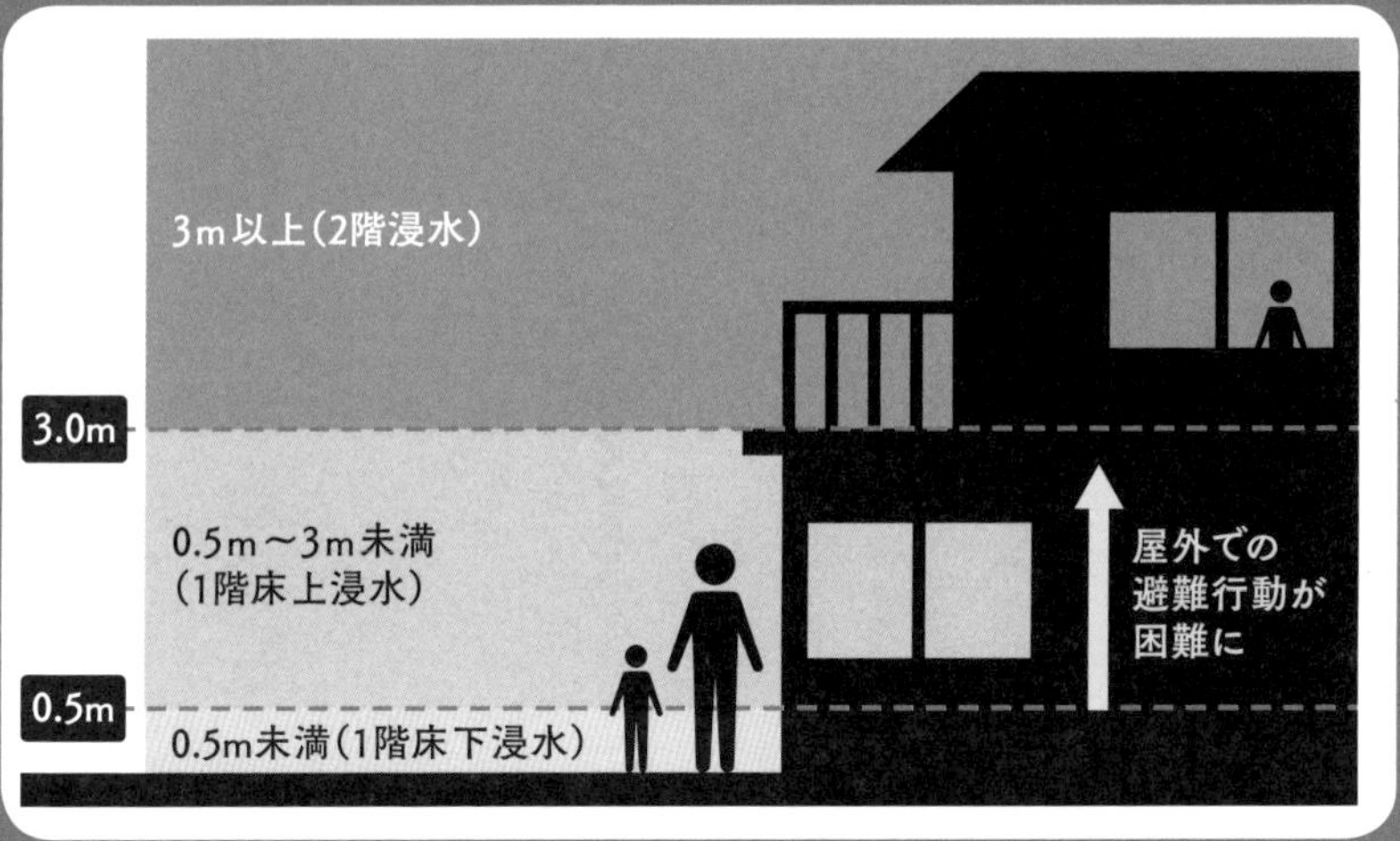

水害の被害に遭われた方は、「さっきまで大丈夫だったのに急に浸水した」とよく言います。土砂災害や川の氾濫といった災害は、私たちの想像を超えるスピードで一気に起こるものなのです。丘の上なのか低地なのかなど、土地の条件によっても水害のリスクは大きく左右されます。自治体が作っているハザードマップなどを参考に、自分が住む土地の水害に対する危険度を必ず調べておきましょう。

自分が住む地域が抱える水害リスクが把握できたら、対策を立てます。浸水するリスクが高い場合には、「土のう」を積むなどの浸水対策も大切ですが、同時に早い段階で自主的に避難することも検討しましょう。マンションの高層階などで浸水リスクが低くても油断は禁物です。部屋は無事かもしれませんが、地上に下りられなくなる可能性があります。ライフラインが止まった状態で、水が引くまでの間、自宅で籠城しなくてはいけなくなる可能性も念頭に置く必要があるのです。

水害

POINT…

水害が起きるかも……何をすべき？

突然やってくる地震と異なり、水害は備えられる災害です。台風や大雨の危険が近づいているというニュースや気象情報に敏感になりましょう。どれくらい雨が降っているのか、降雨量をイメージしておくことも大切です。記録的な豪雨となった台風19号（2019年10月）では、年間降水量の3～4割にもあたる雨がわずか1～2日の間に降りました。降り始めから100ミリを超えたら、浸水や土砂災害などへの警戒を強めてください。

危険を感じた場合や、市区町村から避難勧告が出た場合には、すみやかに行動することが求められます。しかし、避難関連の指示が出たときにはすでに災害が発生していたというケースも少なくありません。

避難所にこだわらず、状況に応じて垂直避難も検討する

子供や高齢者などの〝災害弱者〟がいる家庭では早め早めの判断を心がけることが大切です。すでに周囲が暗い場合や、水位が足首の高さまできているような状況での避難行動はかえって危険。無理に避難所を目指すよりも、自宅のできるだけ上の階（2階以上）や近隣にある頑丈で高い建物に〝垂直避難〟することを検討してください。

避難するかとどまるか。どう決めるか？

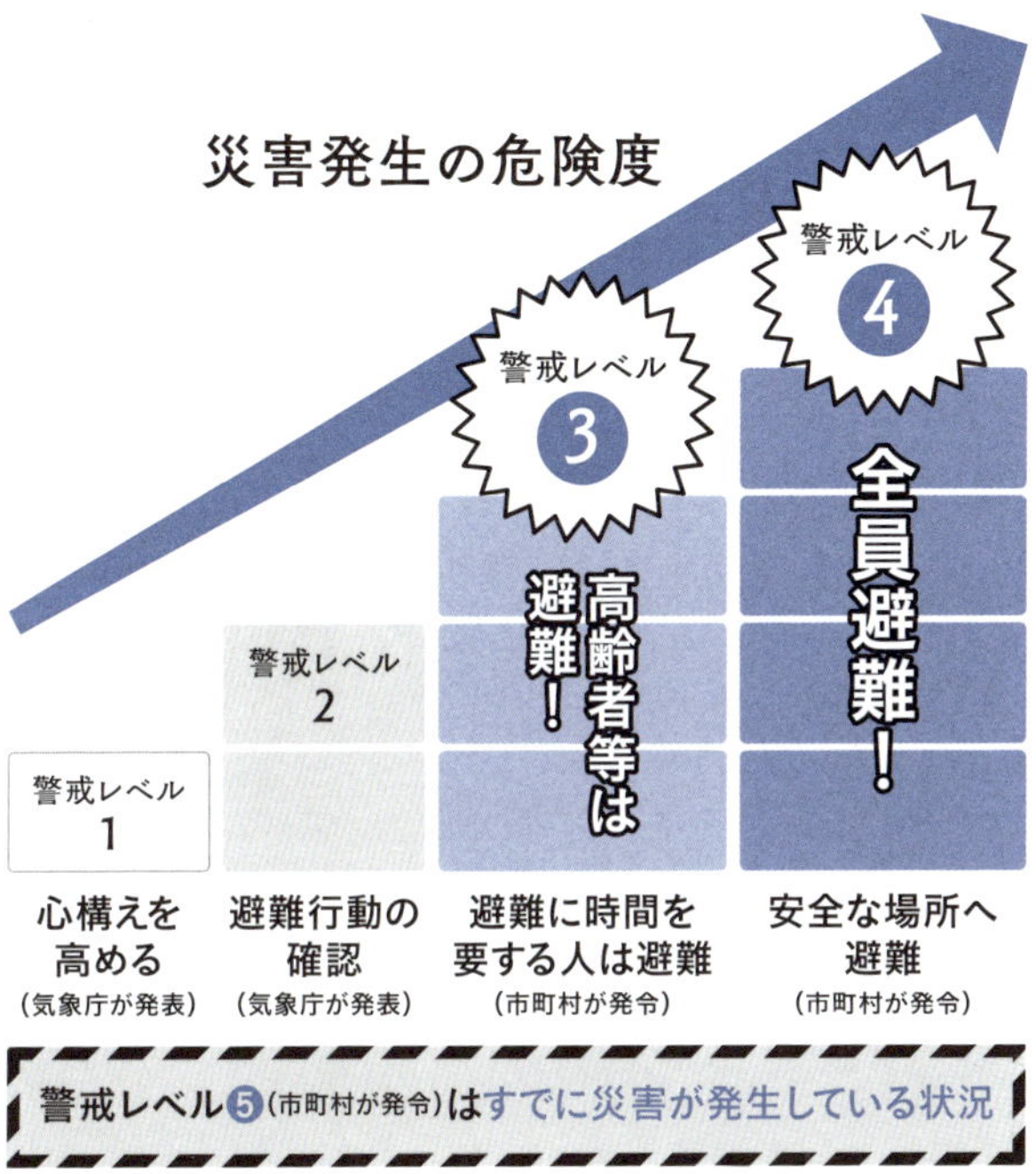
災害発生の危険度
警戒レベル 1
心構えを高める
(気象庁が発表)
警戒レベル 2
避難行動の確認
(気象庁が発表)
警戒レベル 3
高齢者等は避難！
避難に時間を要する人は避難
(市町村が発令)
警戒レベル 4
全員避難！
安全な場所へ避難
(市町村が発令)
警戒レベル5(市町村が発令)はすでに災害が発生している状況

防災情報の警戒レベルは５段階。「警戒レベル４」は、対象地区住民の全員避難を意味しますが、避難所への移動がかえって危険な場合は近隣の安全な場所への避難を優先します。

避難するかどうかは早めの決断が◎

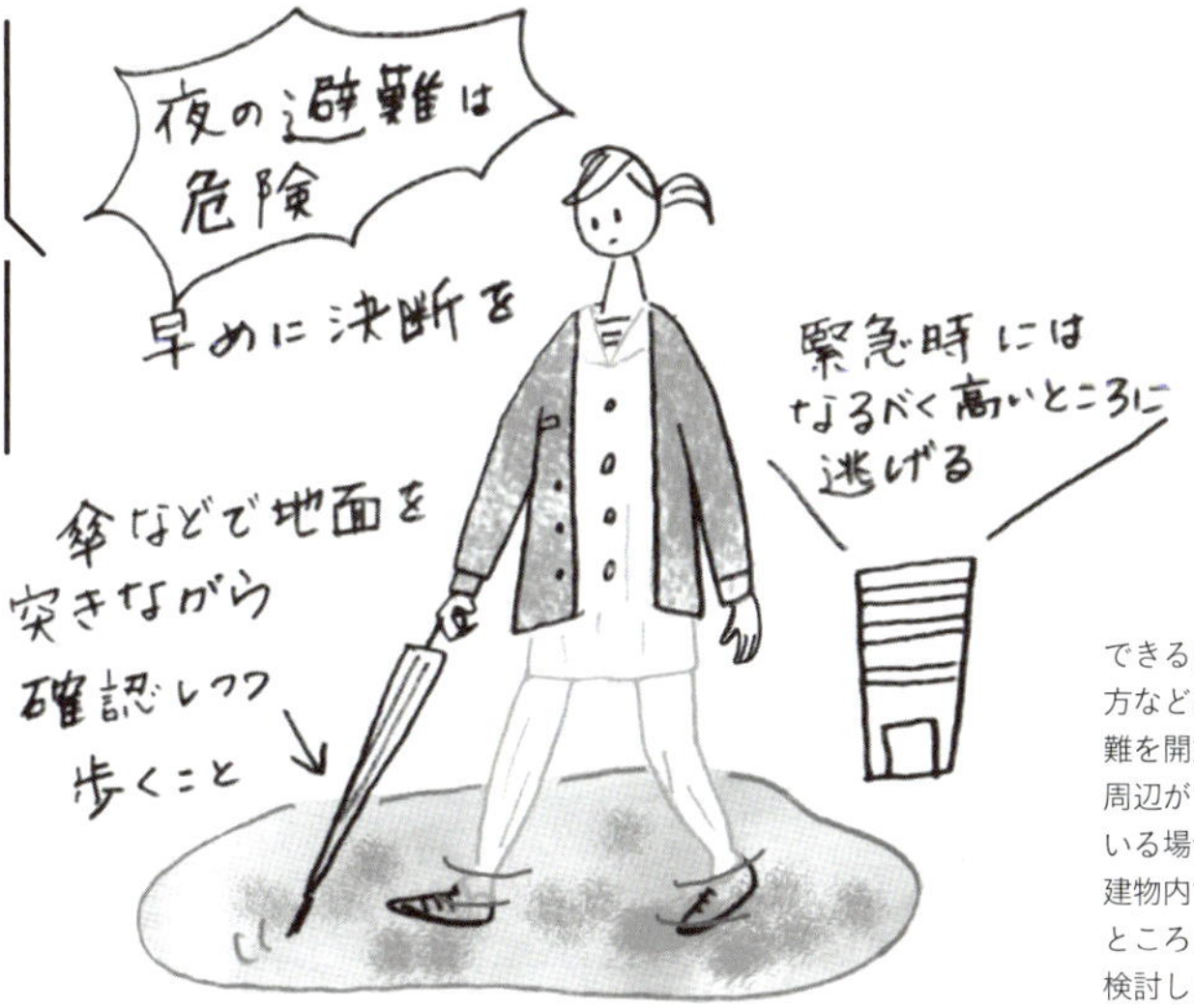
夜の避難は危険
早めに決断を
傘などで地面を突きながら確認しつつ歩くこと
緊急時にはなるべく高いところに逃げる

できる限り、昼間や夕方など暗くなる前に避難を開始したいもの。周辺がすでに浸水している場合は自宅などの建物内でなるべく高いところに逃げることも検討しましょう。

POINT
…

地震・水害
「命の危機」を脱したら、生き抜くための情報収集を

災害直後の「命の危機」を脱したら、即座に情報収集を開始します。今、何が起きているのか。できるだけ正確な情報を把握し、次に起こすアクションを決める必要があります。TVをつけられる状況なら、すぐスイッチを入れましょう。

実はTwitterの情報が一番早いです。ただし、情報の中身は玉石混交。気象庁など信頼できる公的機関のアカウントから発信される情報をもとに判断しましょう。またスマートフォン（スマホ）に防災関連のアプリを入れ、プッシュ通知（アプリを立ち上げなくても、情報が送られてくる機能）を設定しておくのもオススメです。

災害時の情報収集に欠かせない「ラジオ」

災害時には停電になり、テレビが映らなくなることもあれば、インターネットに接続できない状態になる可能性も十分あり得ます。そんなとき、情報収集の強い味方になってくれるのがラジオです。ラジオが聞けるスマホアプリがありますが、バッテリーを消耗するため、できればスマホ以外にラジオを用意しておきたいもの。ソーラー充電や手回し充電が可能なものを用意し、日頃から操作に慣れておきましょう。

インストールしておきたいアプリ

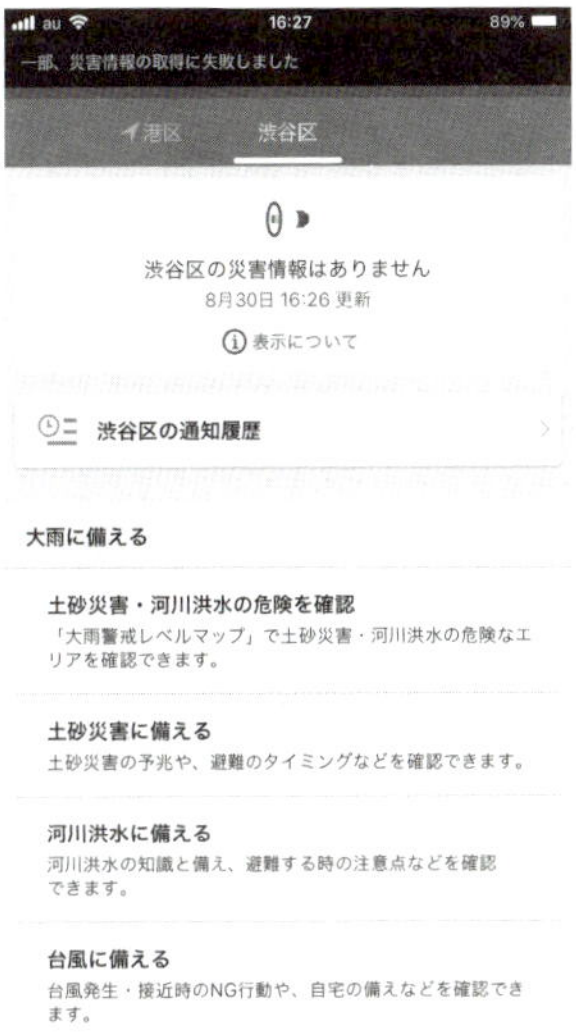

Yahoo! 防災速報

緊急地震速報や豪雨予報など、さまざまな災害情報をプッシュ通知してくれるアプリ。現在地点はもちろん自宅や会社付近、実家などあらかじめ設定した地域の災害情報を受け取ることができます。

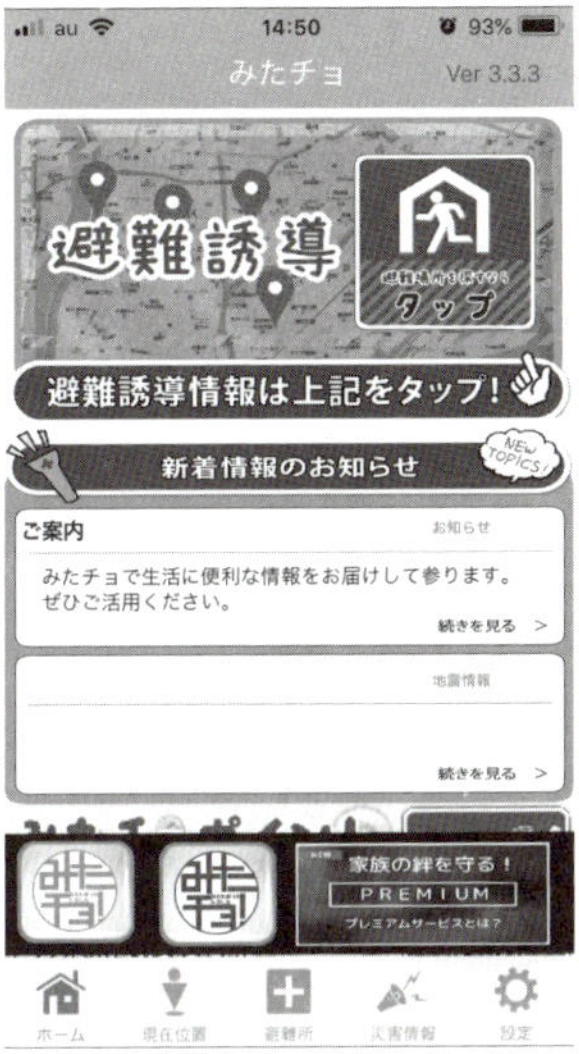

みたチョ

ＡＲ技術を駆使した避難所案内アプリ。災害に応じて、現在地から一番近い最寄りの避難所に誘導してくれます。電波がなくても利用ＯＫ。家族がいる場所など、行きたい避難場所の指定もできます。

被災時の情報収集は公のTwitterが一番いい

フォローしておくべきアカウント

首相官邸(災害・危機管理情報)

気象庁防災情報

内閣府防災

防衛省・自衛隊

総務省消防庁

自分の住んでいるエリアの自治体

被災時はデマも飛び交うため、信頼できる質の高い情報を普段からチェックしておくことが大切です。平時からしっかり見極めてフォローしておきましょう。

普段からラジオ慣れしておこう!

POINT…

地震・水害

離れ離れになった家族と連絡をとる方法

災害に遭ったとき、家族が一緒とは限りません。過去の大災害では毎回、あっというまに電話回線がパンクし、つながらなくなりました。お互いの安否確認をどうするのか、あらかじめルールを決め、家族で情報共有しておきましょう。

我が家では災害が起きてから15分以内に一度電話で連絡し、つながらない場合、以降は30分後、1時間後、1時間半後、3時間後にかけると決めてあります。電話がつながらないと不安になり、焦って何度もかけ直したくなりますが、短時間で何度もかけているとスマートフォンのバッテリーを消耗します。停電のリスクに備えるためにも、ルールを決めておくことが大切です。

被災していない地域に住む人を中継地点にする

電話がつながらないときは「災害用伝言ダイヤル」（P84）のほか、実家や親戚などの被災していない地域に住む人を中継地点にして連絡を取り合う「三角連絡法」も有効です。被災者同士ではまったく電話がつながらないという場合も、被災地以外にかけるとスムーズにつながるというケースが珍しくないためです。家族で連絡手段の優先順位も話し合っておきましょう。

被災時の連絡のとり方4か条

1. 家族がバラバラなら発災してから15分以内に一度連絡をとる
2. そこから連絡がとれるまで30分、1時間、1時間半、3時間と連絡を入れるタイミングを決めておく（焦らない・バッテリーの維持ため）
3. 災害用伝言ダイヤルを使用する（詳しくはP84参照）
4. 被災地から離れている実家や親戚宅を連絡先にして決めたタイミングで電話をかける

被災地以外に住む人を中継地点にした「三角連絡法」

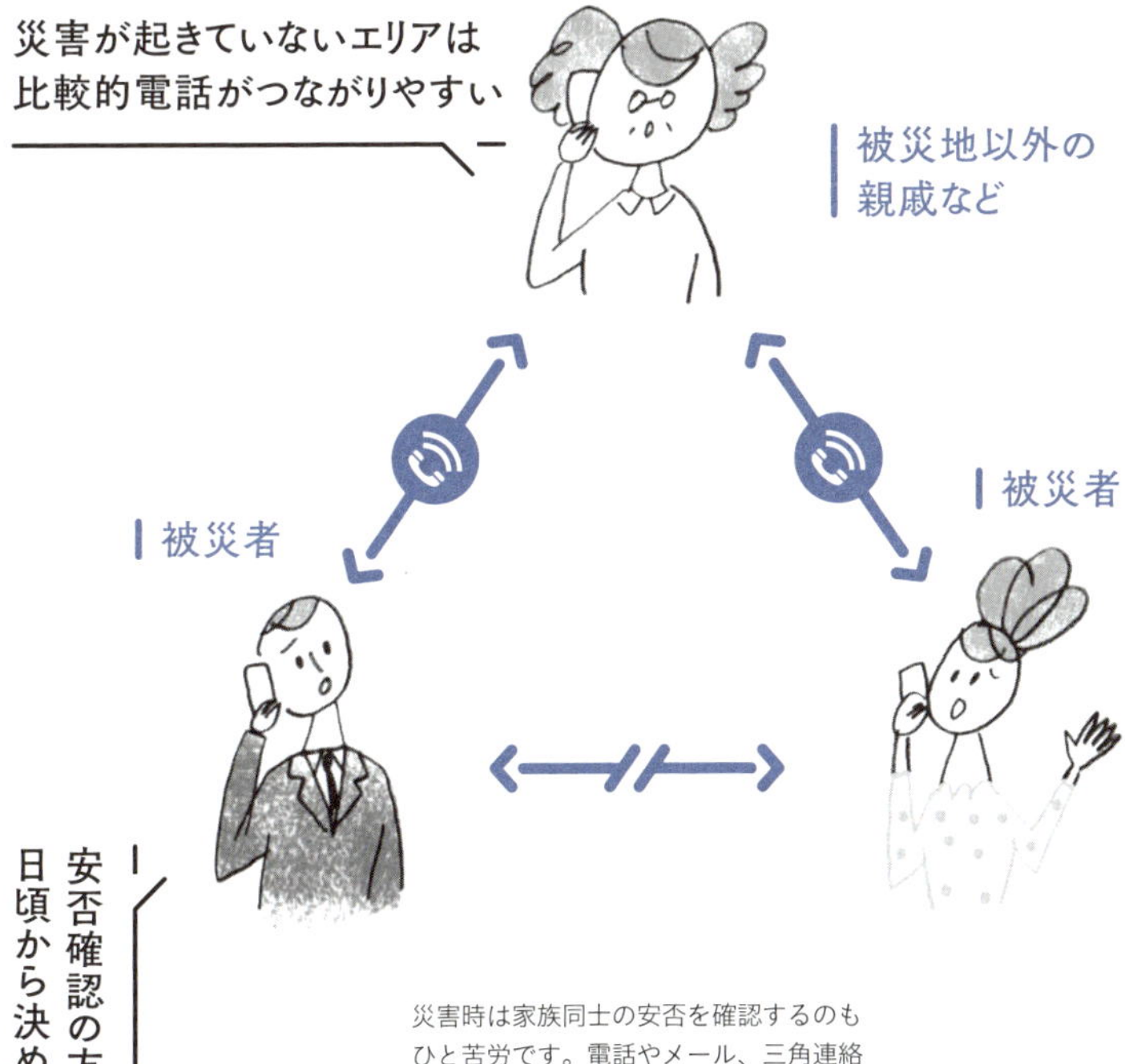

安否確認の方法を日頃から決めておく

災害時は家族同士の安否を確認するのもひと苦労です。電話やメール、三角連絡法、災害用伝言ダイヤル（P84）など、どの手段を使うのか、優先順位もあらかじめ決め、家族で共有しておきましょう。

POINT…

地震・水害

電話が不通になっても安否確認できる「災害用伝言ダイヤル」を覚えておこう

災害発生時に利用できる「災害用伝言ダイヤル」（171）の使い方を覚えておいて損はありません。

災害が起きて被災地への通信がパンクし、つながりにくい状況になったときに提供される安否確認サービスです。固定電話はもちろん、公衆電話や携帯電話からもかけられるのが特徴です。

災害時には電話よりも携帯メールやTwitter、LINE、Facebookのメッセンジャーなどインターネットを使った連絡手段のほうがつながりやすいのですが、日頃あまりネットを使わない人にとってはハードルが高いですよね。災害用伝言ダイヤルは電話を使用するため、ネットに不慣れな人でも簡単に使えます。

体験利用日があるので、使い方を試しておこう

災害用伝言ダイヤルの使い方はとても簡単ですが、まったく使ったことがないと、いざというときに戸惑うかもしれません。毎月1日と15日はNTT東日本・西日本ともに体験利用ができるので、家族で試しに使ってみましょう。たとえば、「希望のおかずをリクエストする」など、テーマを決めてやってみると楽しみながら家族全員の防災スキルがアップします。

災害用伝言ダイヤルの利用手順

Aさん

1《イ》7《ナ》1《イ》

に電話

Aさんの伝言を
聞きたい人

ガイダンスが流れる
↓
録音する場合は 1
↓
Aさんの電話番号を入力
↓
伝言を録音

ガイダンスが流れる
↓
再生する場合は 2
↓
Aさんの電話番号を入力
↓
伝言を聞く

Aさんが録音する場合

1 「171」にかける。
2 ガイダンスに従って、録音の「1」を入力。
3 Aさんが自分の番号を市外局番から入力する。
携帯番号でもOK。
4 「1」を入力。
5 メッセージを録音して、「9」を押す。

Aさんの伝言を聞く場合

1 「171」にかける。
2 ガイダンスに従って、再生の「2」を入力。
3 Aさんの電話番号を入力する。
4 「1」を入力。
5 Aさんが録音したメッセージが流れる。

- 震度6弱以上の地震発生後30分を目途に開始される。
- 1伝言あたり30秒以内・伝言できる件数は20件まで。
- 毎月1日・15日には体験利用ができる。

171＝イナイと覚えよう

インターネットで安否確認を行うなら
災害用伝言版（web171）
https://www.web171.jp/

地震・水害

POINT…

避難所に行くときは帰ってこられないことを前提に

着の身着のままで避難所にやってきて、「必要なものはあとで家に取りに帰る」という人がよくいます。

この考えは絶対に捨ててください。なぜなら、一度帰宅した際に亡くなる方が非常に多いからです。

２０１６年の熊本地震では、最大震度7の揺れが二度起こりました。二度目の大きな揺れがきたのは、一度目の揺れから1日半後。もう収まったと思って家に戻る方が多かったのです。結果、脆くなっていた家屋が二度目の揺れを受けて倒壊、下敷きになって亡くなる方が相次ぎました。避難先にとどまっていれば助かった命です。こうした事態を避けるためには、非常用持ち出し袋を準備しておくことが大切です。

なお、通電火災を防ぐため、避難の際は必ずブレーカーを落としましょう。

避難する際には車は絶対NG

２０１９年の台風15号、19号、そして21号が温帯低気圧になって引き起こされた豪雨では、車で避難しようとした結果、車の中で死亡した方の数が非常に多かったというデータが出ています。車は20cm程度の冠水でエンジンがかからなくなり、立ち往生してしまうことを覚えておきましょう。

伝言メモは布ガムテープに

メモに残す個人情報は最小限に。
電話番号は書かないほうが無難

どこに逃げたかなどを家族に知らせるメモを残すなら布ガムテープがベスト。紙のメモや付せんは雨に弱いです。防犯のために記載する情報は最小限に絞り、子供でも読めるようひらがなで書くこと。

避難は徒歩が基本。だから早めに決断を

「車なら逃げられる」は勘違い。
むしろ立往生しやすい

運転中に災害に遭遇したら、車はカギをつけたまま、その場に乗り捨てて逃げます。カギをかけると、動かす必要があっても動かせなくなり、レスキューの車が通れなくなるからです。

POINT …

地震・水害

子供を避難所に連れていく方法

「子供と避難するとき、どうすればいいの？」と悩んでいるママは少なくありません。乳幼児の場合、ベビーカーで避難すれば荷物も運べて便利と思うかもしれませんが、逃げまどう人が大勢いたり、がれきが散らばっている場所をベビーカーで移動するのは自殺行為。おんぶ紐も赤ちゃんの手がむき出しになるので危ないです。

災害が起きたとき、赤ちゃんは異変を察知して暴れる可能性が高いです。赤ちゃんが怪我をしたり暴れたりするのを防ぐため、まずはタオルで優しく包みましょう。包まれることで安心しておとなしくなります。そして、頭や手足がむき出しにならないよう、リュックなどで運びます（次ページ参照）。

子供には自分の名前を言えるように訓練を

小学生以上であれば、迷子にならないようしっかり手をつないで移動します。未就学児くらいの年齢だと恐怖で歩けなくなってしまう子が多いので、抱えて避難します。なだめすかしている時間はないので、さっさと抱えて逃げましょう。万が一、避難中に離れ離れになったときに備えて、子供の非常用持ち出し袋には名前や住所、電話番号を記入しておくのも忘れずに。

赤ちゃんの包み方

使用するもの

薄手のバスタオル3枚、リュックやトートバッグ。バスタオルはおくるみ用に1枚、敷きものとして2枚を使用。安全面からリュックを推奨したいが、どうしても手元にない場合はトートバッグでも可。

1

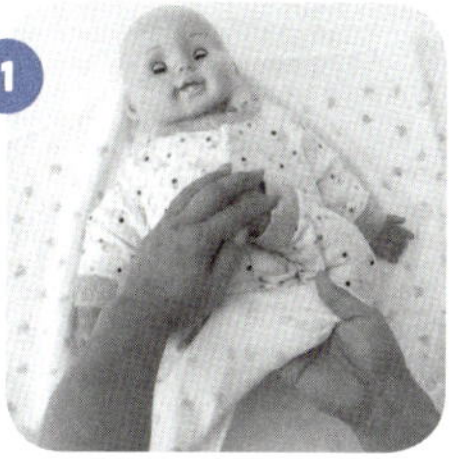

オムツを換えるときのように、赤ちゃんのお尻を持ち上げ、両足をおなかのほうに倒す。

2

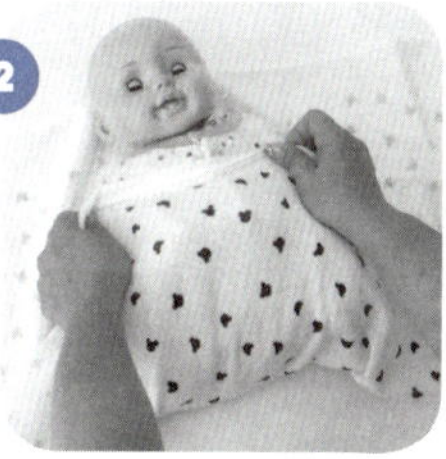

①の足の形をキープしながら、バスタオル1枚で赤ちゃんの下半身をすっぽりと包む。

3

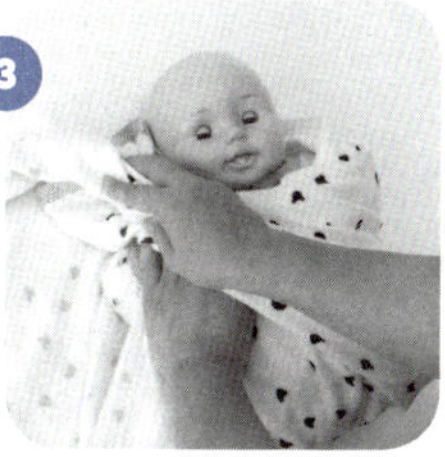

タオルの両端を赤ちゃんの体の上で交差させるように、上半身も包み込む。

4

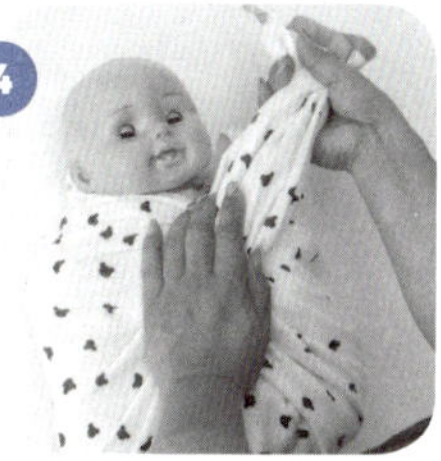

余ったタオルの端は適宜折り込む。この「おくるみ」ごとリュックやトートバッグに入れる。

リュックの場合

1

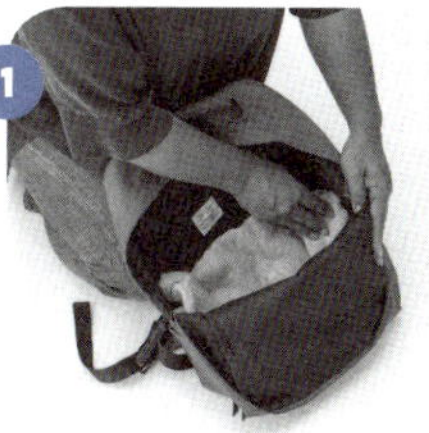

外部からの衝撃を最小限にするため、リュックの中にタオルを2枚敷き、ベッドをつくる。

2

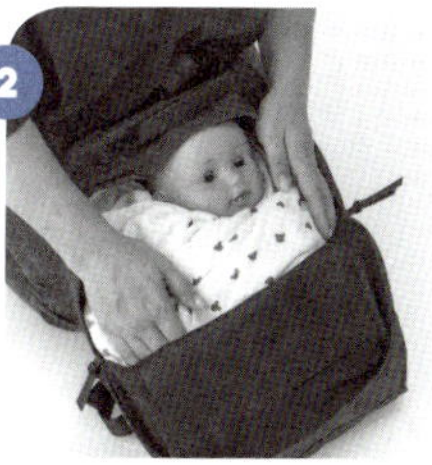

おくるみで包んだ赤ちゃんを入れ、顔だけ出した状態でファスナーを閉める。

前向きでも後ろ向きでも背負えます

リュックを前向きにして背負うと、お互いの顔が見えるのでママも赤ちゃんも安心。

トートバッグの場合

1

折りたたんだバスタオルをベッド代わりにし、赤ちゃんはおくるみごとバッグの中へ。

2

窒息させないよう首の角度に注意。赤ちゃんの頭が手前にくるようにすると、顔が見られて◎。

POINT …

地震・水害

災害弱者を避難所に連れていく方法

使用するもの

シーツが2枚あれば、タンカ代わりになります。運びたい災害弱者が小柄な女性や子供であれば、シーツ1枚でも運べます。

災害弱者とは、小学校低学年までの子供、高齢者、障がい者、ケガ人、持病のある人のこと。特に、高齢者、障がい者、ケガ人などの「自分で避難できない人」がいる場合、早めに避難の決断をする必要があります。

避難するタイミングは人数にもよりけり。高齢者ひとりくらいなら警戒レベル3で移動を始めても間に合うかと思いますが、人数が多い場合は、レベル2で準備を始める必要があります。どこに逃げるか、何を持っていくか、ひとつの避難所に断られたら次はどこにいくか、などを決断しましょう。

高齢者は変化を嫌うので「どうする？」と聞くと「行かない」と答えることが多いです。有無を言わさず「行くよ！」と言い切ることも必要です。

休み休みならシーツで数km運ぶことも可能

歩けない人はシーツをたんか代わりにして運ぶことができます。2枚あれば非力な女性2人でも可能です。小学校5〜6年生に実習させたときは、体重60kgくらいの人を運ぶことができました。100mくらいずつ、休み休み運べば数km動かすことも可能。ゆっくりなら階段も大丈夫なので、水害時、2階に運ぶこともできます。

シーツ2枚をたんかにする方法

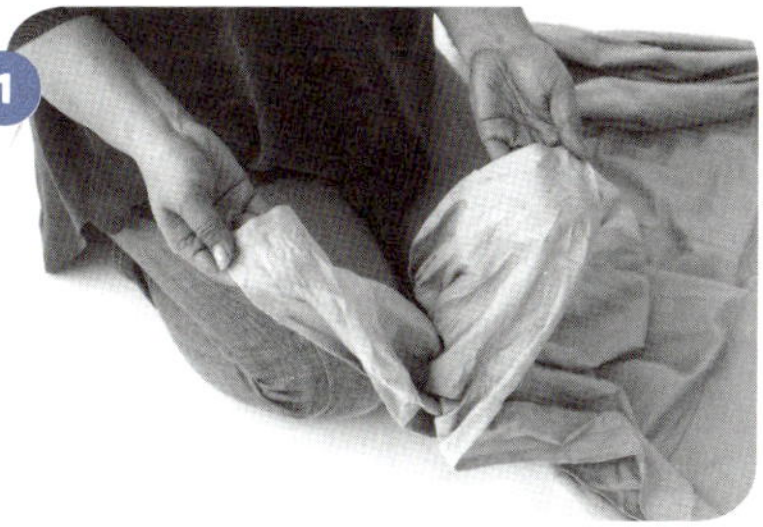

シーツを2枚重ねて強度を確保。シングルサイズのフラットシーツが理想ですが、大きな布なら代用可能。

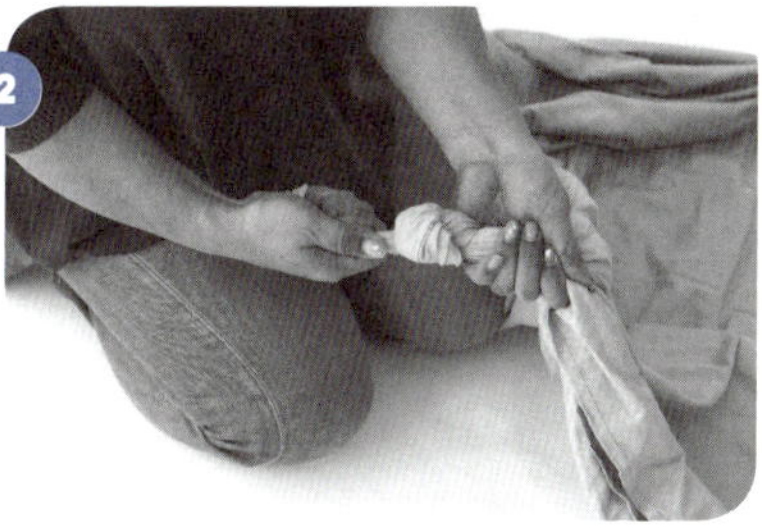

2枚重ねた状態でシーツの端の頭がくる側をひとつ結びにし、持ち上げるとき手をかけるためのコブを作る。

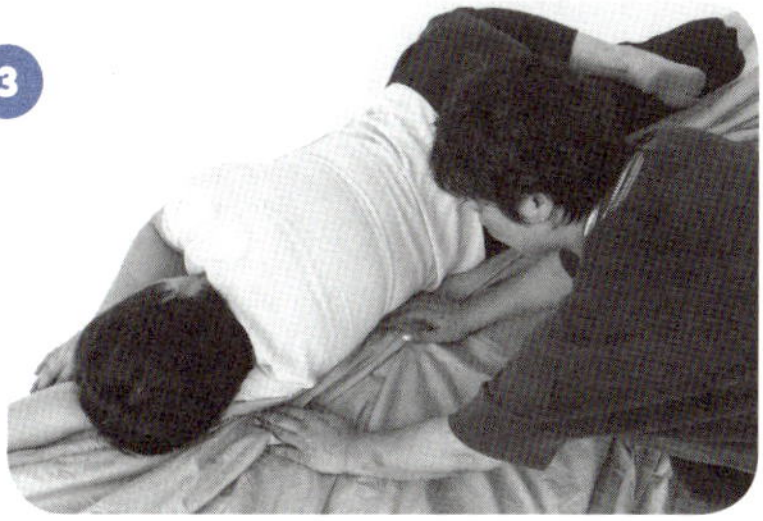

「災害弱者」にシーツの上に横になってもらう。体を動かせない人は、シーツの端に横向きに寝かせる。

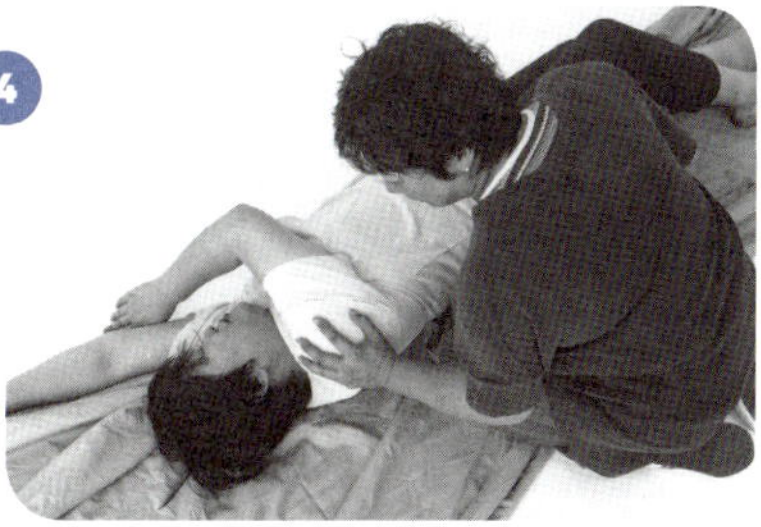

横向きに寝ている人の体の下にシーツを寄せて、そっと仰向けにさせると、シーツの中央に体が乗ります。

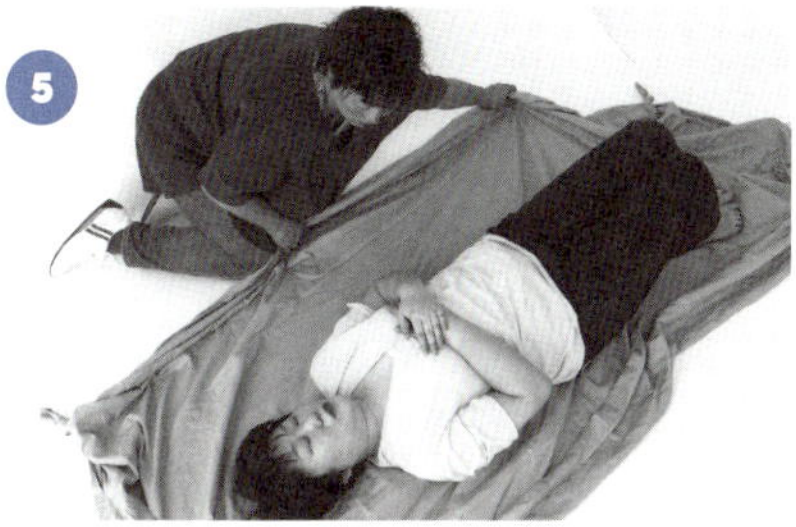

「災害弱者」には仰向けの姿勢で胸の位置で腕を組み、可能であれば膝を軽く曲げてもらいます。

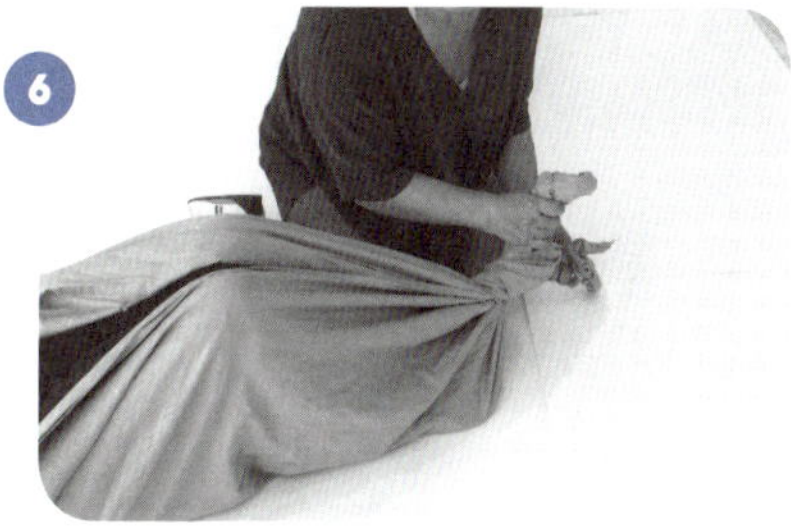

体をシーツで左右から覆い、足がくる側のシーツをしっかりひとつ結びにし、コブを作ります。

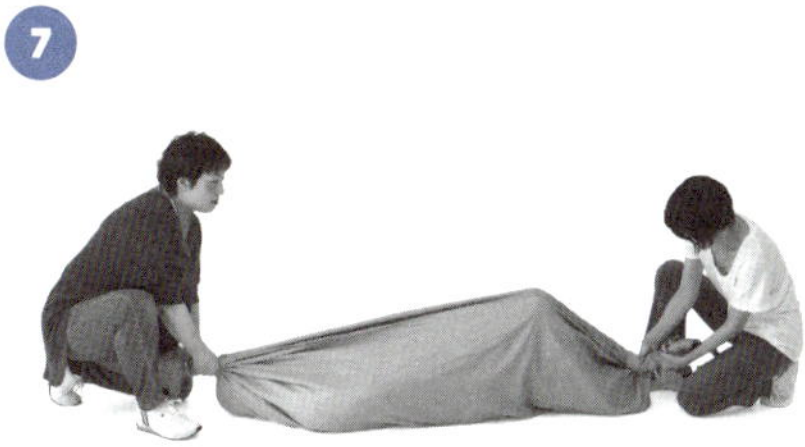

頭側にひとり、足側にひとりついて、片膝立ちでコブを持ってスタンバイします。

持ち上げるときは、斜め後ろに思い切り引っ張るのがコツ。頭を打たないよう、下ろすときはそっと足側から。

POINT…

地震・水害

ペットは避難所に連れていかない前提で備えておく

ペットの受け入れOKの避難所はとても少なく、あったとしてもすぐいっぱいになります。かといって、普通の避難所に連れていったら、絶対に揉めて排除されると心得ておきましょう。避難所には動物が苦手な人や動物アレルギーの人がいることもありますし、鳴き声やにおいがトラブルの元になる可能性も十分あり得ます。

ペットは避難所には連れていかない前提で「いざというとき」の備えをしましょう。我が家には猫が2匹いますが、災害が起きても猫たちだけで生き延びられるよう、3週間分の水と餌をセットしてあります。餌は自動給餌器に3週間分をストック、水は水飲みボウル以外にも大きな洗面器2つにいっぱいにして、風呂場に毎朝置きます。

犬好き仲間、猫好き仲間で避難を受け入れ合うのも手

自宅で避難生活が送れないほどの被害を受ける可能性もあります。そんなとき、ペットと一緒に身を寄せられる場所やペットだけでも預かってもらえるところを確保しておくのが飼い主の責任です。ペット仲間と、いざというときの助け合いネットワークをつくって、被災していない仲間に預かってもらえるよう根回ししておきましょう。

留守中に被災？

守ってワン♪

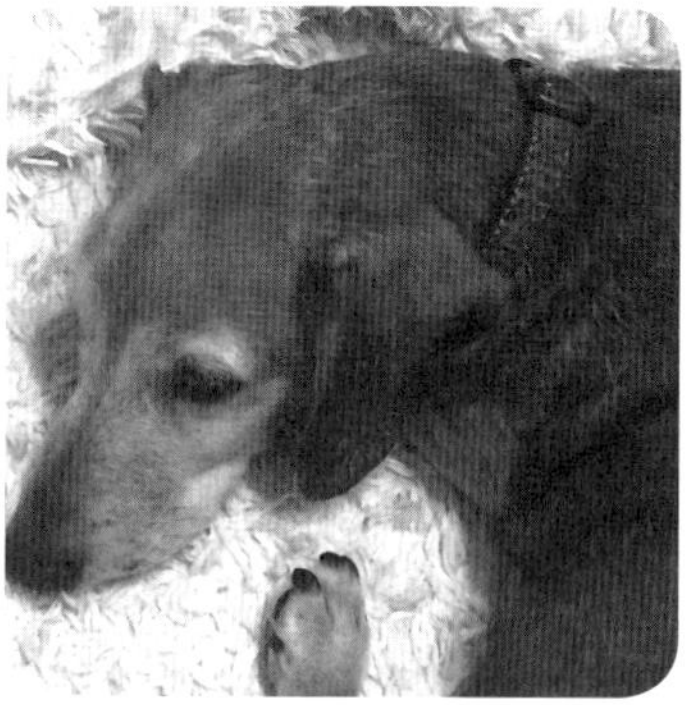

備えてニャン！

飼い主ネットワークを活かし、いざというときの避難先を確保していたとしても、ペットと一緒にいるときに被災するとは限りません。被災時にすぐ自宅に帰れないとき、どうするか？　大切な家族の命を守るのは日頃の備えです。

辻家の猫2匹に対する備え

自動給餌器には
3週間分の餌をセット

餌は3週間分、ボウルには3ℓの水を常にセット。猫を置いていかざるを得ない場合、ストックの餌を十字に切り裂いて食べられるようにしていく予定です。

被災して流通経路が閉ざされたら、ペット用品が買えるようになるのは最後の最後だと覚悟してください。餌とペット用の水は3か月分ほど常にストックしています。

POINT …

地震・水害

一時避難時に大活躍！ 猫が喜んで入る段ボールキャリーの作り方

避難所へはペットを連れていけない可能性が高いとお伝えしました。しかし、「ペットを安全な場所に移動させる備え」は必要です。災害が起きたとき、部屋が壊滅的な状態になり、住み続けられなくなるかもしれません。

そんなとき、役に立つのが段ボール製のペットキャリーです。ペットを飼っている人であれば、動物病院などに連れていくためにキャリーを用意していることがほとんどでしょう。しかし、あなたのペットはそのキャリーに喜んで入ってくれるでしょうか。特に猫はキャリーを見ただけで緊張し、逃げ出したりするという話をよく聞きます。

段ボールキャリーに日頃から慣れてもらう

段ボールキャリーは日頃からリビングなどに置いておきましょう。そして、ペットのお気に入りの餌やおやつをセットし、〝落ち着く場所〟として認識してもらうのです。中にはペットシーツを敷き、万が一に排泄してしまった場合にも備えます。

地震で部屋がグラッと揺れたときに、ペットがそのキャリーの中に逃げ込むぐらいになったら大成功。すばやくシーツでくるんで、避難先や預け先に運びます。

本体の作り方

使用するもの

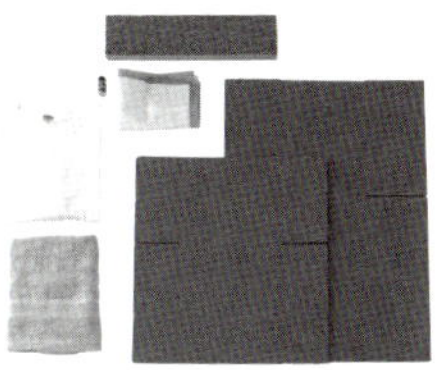

猫がゆったり入れるサイズの段ボール、ペットシーツ、爪とぎ、タオル、マタタビ（粉末）を用意。

1

箱の上辺のフタになる部分をすべて内側に折り込み、ガムテープで止め、補強します。

2

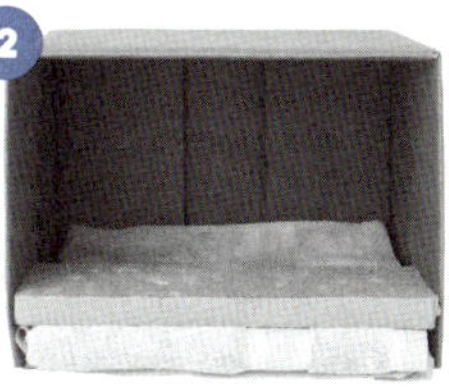

ペットシーツ、タオルの順に敷き、爪とぎをセットします（猫のお気に入りを選ぶと◎）。

3

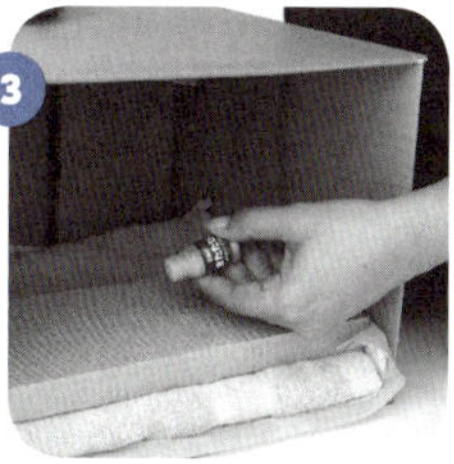

猫が自然と段ボールキャリーに出入りしたくなるよう、爪とぎにマタタビの粉を振りかける。

4

③にTシャツをすっぽりとかぶせる。猫が出入りしやすいよう、首回りの位置を調整する。

5

完成

完成した段ボールキャリーは普段から部屋に置き、猫にもなじんでもらうようにします。

運搬用おくるみの作り方

1

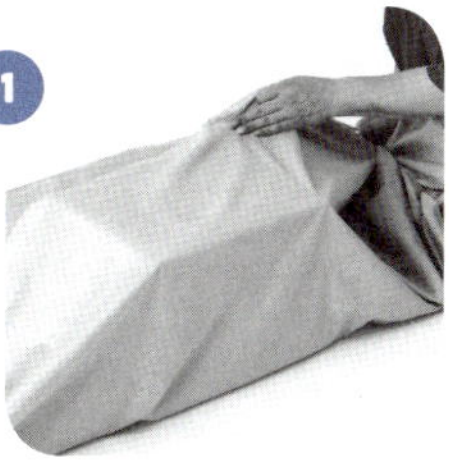

避難時は大きな布で「おくるみ」をサッと作ると段ボールキャリーが運びやすくなります。

2

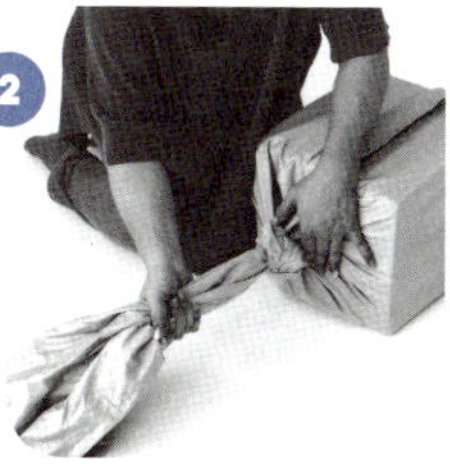

シーツなど大きな布でスッポリ包み込み、段ボールが動かないよう左右を根元でひとつ結び。

3

②で結んだ布の両端を持ち上げ、結びやすいように布の幅を細く整えます。

4

完成

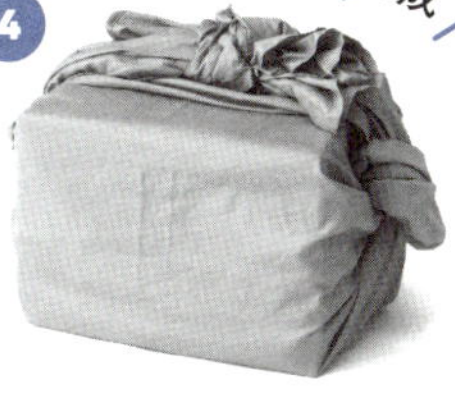

段ボールの上で布を再度結び、持ち手を作ります。持ち手をつかめば女性でもラクに運べます。

ラクに運べる

POINT…

地震・水害

避難するときの推奨コーディネイト

「避難するときは、どんな服装で行けばいいですか？」という問い合わせも多くいただきます。

ケガを避けるために手足はなるべく露出させず、さらに重ね着を活用するのがコツ。避難のときに持っていける荷物の量は限られています。自分で身に着ければ、その分荷物が減り、別のものを持っていくことができます。

水害の場合には体や服を濡らさないよう、レインコートやレインパンツを活用します。これらは破れやすいため、また下の服を濡らさないためにも、身に着けた上からコートなどを羽織るのがポイントです。

災害時の服装選びは「女性らしさ」を徹底的に排除

災害時は、女性らしい服装は避けてください。被災下では普段考えられないような極限状態となり、とんでもないトラブルや事件が起きることがあります。避難所での性暴力などの被害が報告されているのも悲しい現実です。おばあちゃんが被害に遭ったという話も何度か聞きました。誰も油断はできないのです。

日常生活を取り戻すまで、女性らしさは封印し、身の安全を守ることを最優先で考えましょう。

地震の場合

肌の露出を極力避け、重ね着で荷物を減らす

手ぬぐいで頭を守る
服を腰巻きし、荷物を少しでも減らす

避難時は荷物を減らせる重ね着コーデがオススメです。肌はなるべく出さないことも大切。ケガはもちろん、性犯罪を未然に防ぐ意味もあります。足元は革製のスニーカーが強度的に◎。

万能ナイフや防災笛は肌身離さず

万能ナイフや防災笛など命を守るアイテムは肌身離さず持ち歩いています。普段はバッグなどに入れていますが、非常時はデニムのベルト穴に付け替えれば、いつでも使えます。

水害の場合

レインコートの上に薄手のジャケットを

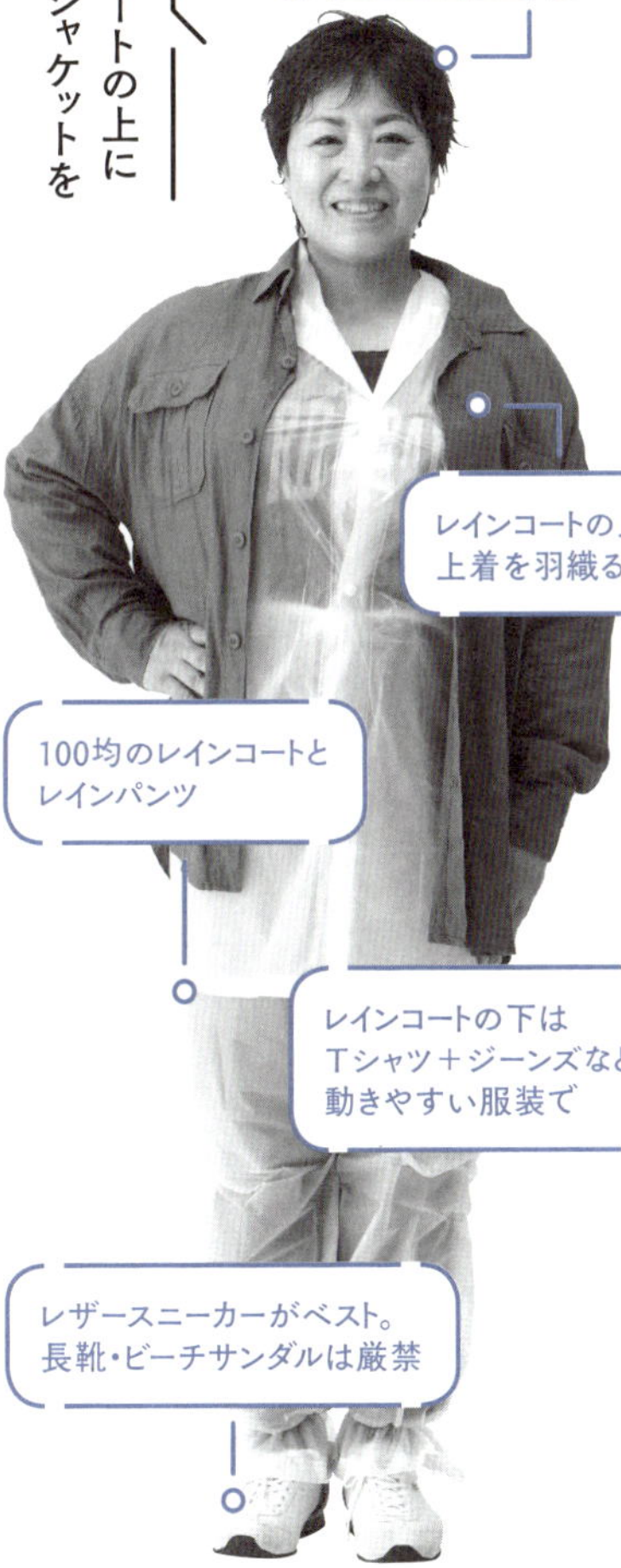
視界を広げるためフードはかぶらない
レインコートの下はTシャツ＋ジーンズなど動きやすい服装で

ビーチサンダルは簡単に脱げるのでＮＧ。長靴は水が中に入ってきて重くなり、足がスムーズに動かせなくなるので厳禁。耐久性に優れた革製スニーカーがベスト。

レインパンツの裾は輪ゴムで止める

水害時の避難では、いかに体を濡らさないかが勝負です。レインパンツの裾を輪ゴムで止めるのは、雨水の浸入を防ぐため。体温が奪われないよう、できる工夫はすべて実践！

POINT…

水害

本当に浮く！ペットボトルでライフジャケットを作る裏ワザ

水害が起きると、予想以上の速さで水かさが増すことがあります。床上浸水し、自宅内で行き場がなくなる可能性も。いくら水泳に自信があったとしても、がれきをはじめ、何が浮いているかわからない汚水の中を泳いで逃げるのは容易ではありません。

そこで、水害発生時に避難するとき、または床上浸水の可能性が高まったときには、ペットボトルで作ったライフジャケットを身に着けることをオススメします。空のペットボトルをTシャツの中に仕込むことで、水の中で体を浮かすことができるのです。本物のライフジャケットは高いですが、ペットボトルならコストもかからず、避難先で再利用もできます。ペットに着ける人もいますよ。コツは、ペットボトルが浮くことを信じて身を任せること。恐怖で力んでしまうと沈みます。

500㎖なら6本のペットボトルで大人が浮く！

ペットボトルで作るライフジャケットには、500㎖のペットボトルが6本ほど必要です。350㎖でもかまいませんが、その場合は本数を増やしてください。上半身を覆うように体の前面から背面までグルっとセットできる本数を体格に応じて調整しましょう。

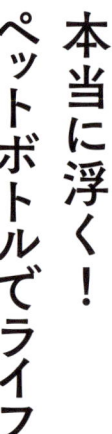

ペットボトルライフジャケットの作り方

使用するもの

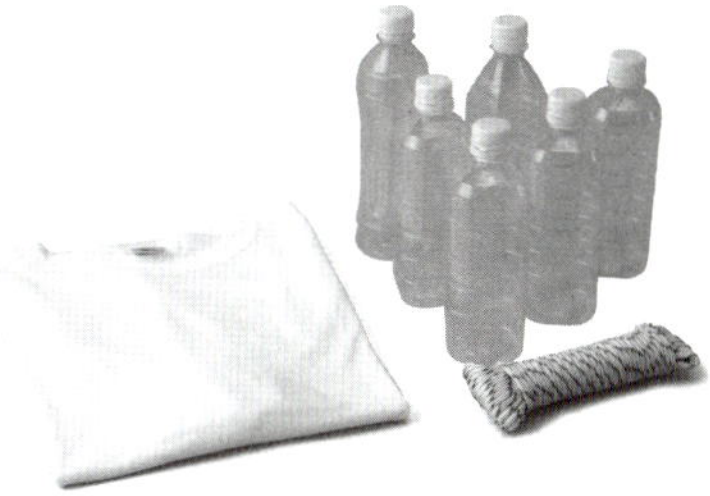

Ｔシャツとペットボトル（500mℓタイプを６本。体重が多い人は１ℓのペットボトルを６本）、ロープ。ロープは100均のものでもＯＫ。

1

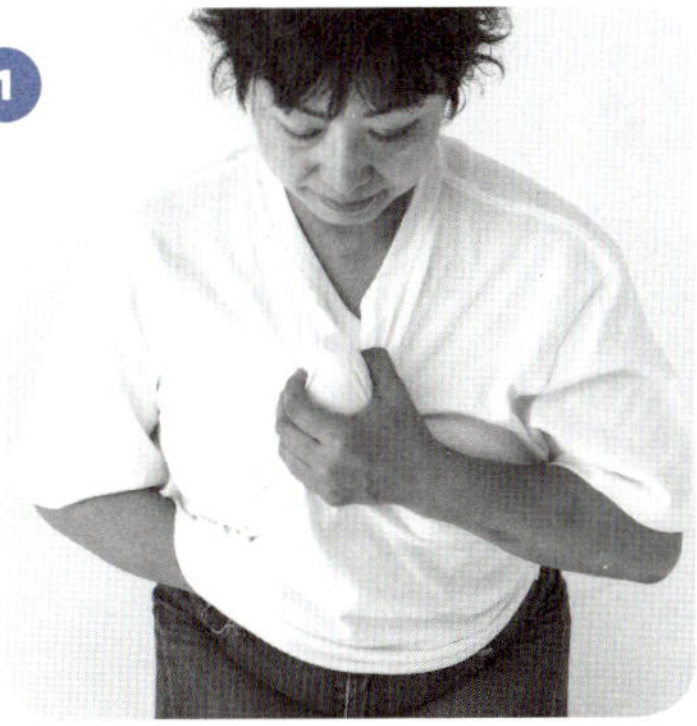

キャップを外したペットボトルをＴシャツの内側に入れ、Ｔシャツの外側からキャップをはめて固定する。

2

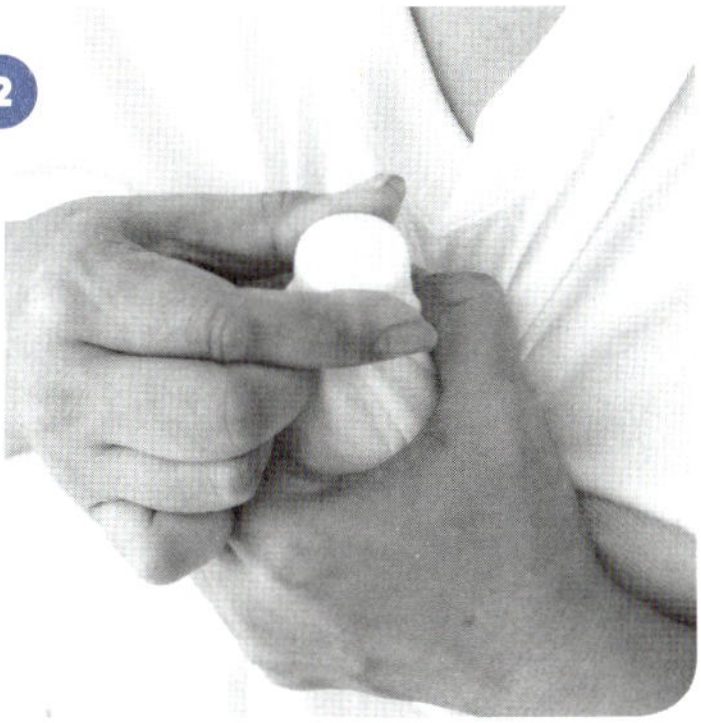

①を前後３本ずつ繰り返す。背中は誰かに締めてもらうか、自分ひとりしかいないときはあらかじめセットしておく。

3

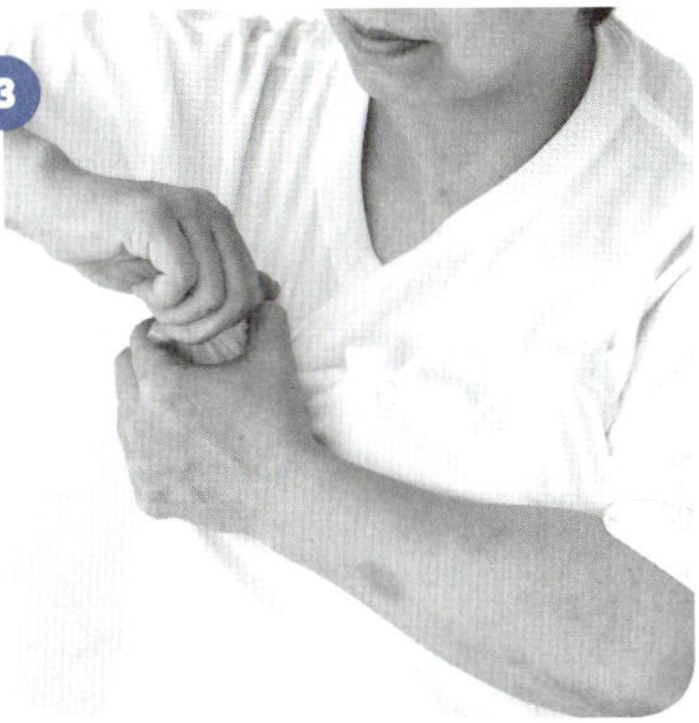

ペットボトルのキャップを閉めるときは、ゆるまないよう、しっかりと！

4

すべてのペットボトルをセットし終えた状態。体の前側と後ろ側に、できるだけ均等に３本ずつセットする。

5

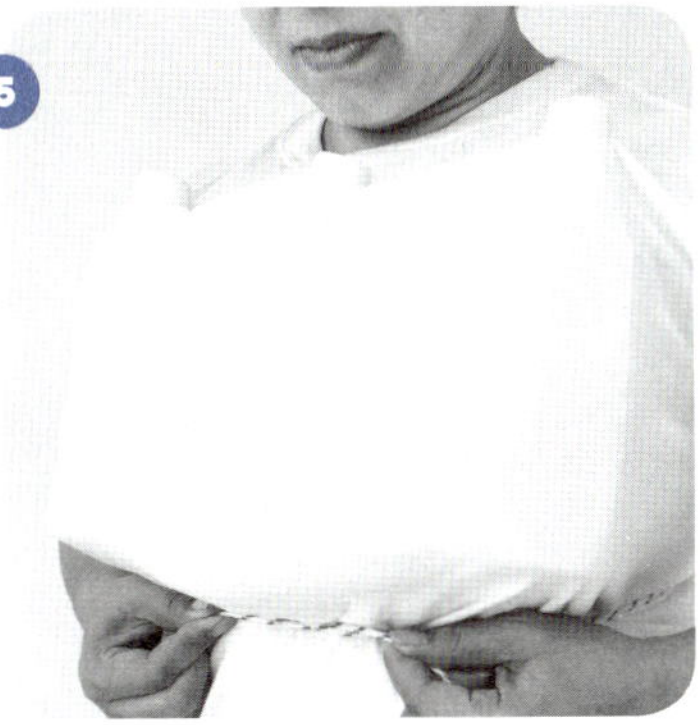

Ｔシャツの上からペットボトルの底の部分にロープを一周させ、ペットボトルがゆるまないように結ぶ。

COLUMN

水害で避難するときは必ずビニール袋に服を包んで持ち出そう

ジッパー袋があると洋服の仕分けに便利！

水害で避難するときは、洋服の水濡れ防止が必須。種類ごとに小分けにしておけば、必要な分だけ取り出して着替えることもできます。

災害時に気をつけなくてはいけないことのひとつに「低体温症」があります。服が濡れたままの状態でいると、体温が急速に奪われ、最悪の場合は死に至ります。目立つケガなどがなくても、その後、低体温症で亡くなる事例も。東日本大震災でも、多くの方が低体温症で亡くなりました。

低体温症を防ぐために、悪天候の中避難するときは、避難所に到着次第すみやかに着替え、体を温める必要があるのです。

しかし、慌てて避難所に来る人はそこまで気が回らず、着の身着のままか、着替えを持ってきたとしても素のまま持ってくるため、びしょびしょに濡れていることがほとんどです。

着替えを濡らさず持ち歩くにはバッグに防水加工を

２０１８年の西日本豪雨を経験した人の話では、濡れた服は汚水を吸っていて、乾いても生臭いにおいがして使い物にならなかったそうです。加えて、避難所には洗濯機も干す場所もないのです。

対策としては、着替えを入れるリュックやバッグは防水機能のあるものか、防水スプレーをかけたものを使います。バッグにはＰ１０９でご紹介するポリタンク代わりのリュックのようにビニール袋を2枚重ねて入れ、その中にジッパー袋などに入った服を入れます。これは自衛隊が使っているテクですが、3重構造になっているため、ジッパー袋の中のものはまず濡れません。洋服用の圧縮袋などもありますが、ジッパー袋で十分。小分けにして空気を抜けば、コンパクトにまとまり、リュックの中に余裕ができます。

第三章

被災後を生き抜く知恵とテクニック

被災後の生活

被災してしまったといつまでも嘆いていると「復興」は遠のいてしまう

←

元の生活に戻すため最大限にパワーを蓄えよう

「被災した瞬間から、前を向く」。これが、生活をいち早く立て直すのに大切な姿勢だと思います。

被災したという現実をいつまでも嘆くのではなく、「いかに被災前と同レベルの生活を取り戻すか」に一刻も早く意識を向け、行動してほしいのです。

阪神・淡路大震災後、神戸の復興は早かったです。震災から11年後には街並みは整えられ、震災前よりきれいになりました。神戸の人は商人気質で見切りも早く、「なくなったものを惜しんでいても仕方ない。これを機に街をつくり直そう」と気持ちを切り替えました。これが短期間での復興を果たした要因だと思います。

本章では、復興に向けてパワーを蓄えられるように、「できるだけ被災後の生活を快適にする方法」をお伝えしていきます。

被災から復興へのタイムテーブル

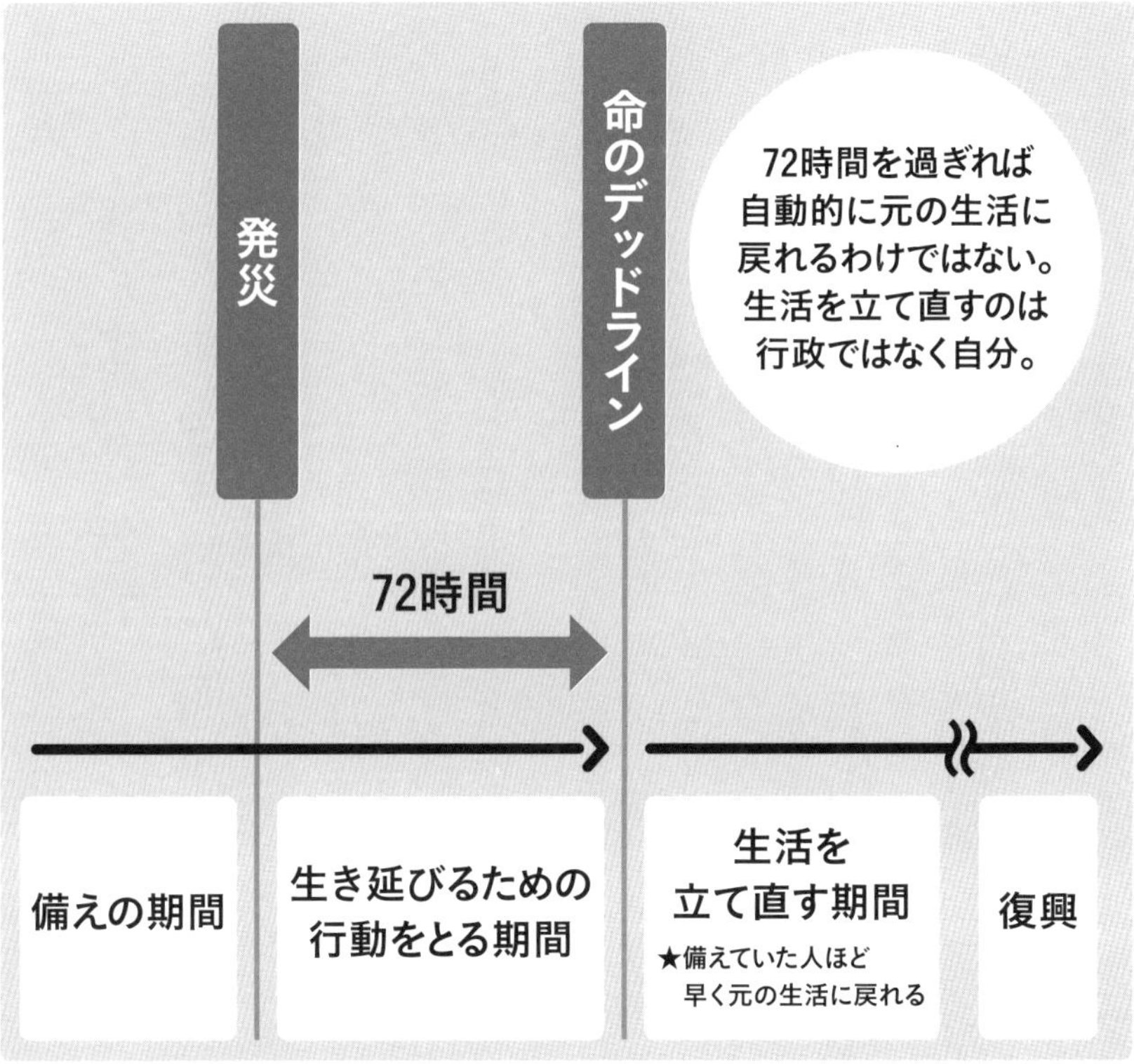

発災
命のデッドライン
72時間を過ぎれば
自動的に元の生活に
戻れるわけではない。
生活を立て直すのは
行政ではなく自分。
72時間
備えの期間
生き延びるための
行動をとる期間
生活を
立て直す期間
★備えていた人ほど
早く元の生活に戻れる
復興

やればできる!
「日常」を取り戻すのはあなた自身だ!

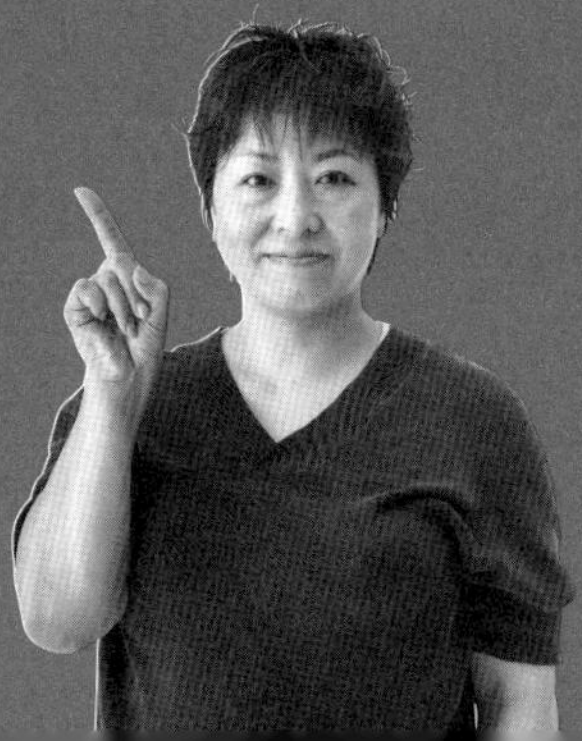

被災後の生活

POINT …

断水・停電・ガスの停止……ライフラインが断絶すると何が起きるのか把握しておく

大規模な災害が起きると、断水や停電、ガスの停止などライフラインの断絶被害が起きる可能性があります。地震はもちろん、台風や水害も例外ではありません。

断水すると水が飲めなくなり、料理ができなくなるのはもちろんのこと、トイレや風呂も使えなくなります。

停電すれば、当然のことながら電気はつかなくなりますし、電化製品が一切使えなくなるのです。水道が止まっていなくても、水をくみ上げるポンプが稼働しなくなるので、「停電断水」という現象も起こります。

冷蔵庫やテレビ、エアコンからエレベーター、エスカレーター、自動扉に至るまで、電気を必要とするものがすべて使えなくなった世界を想像したことがありますか？　ＡＴＭや電車も動かなくなるのです。

しかも、復旧に予想以上に時間がかかることがわかってきました。

２０１９年、台風の影響で停電が起きた千葉では、当初は数日で復旧すると言われていました。しかし実際は復旧までひと月近くかかったのです。ガスの復旧も被害のエリアが広くなると、3～4か月は当たり前にかかると言われています。だからこそ、自分たちで備えておくことが大切なのです。

停電・断水に備えて用意しておくもの

ライフライン断絶への備えは
生き延びるために必要不可欠

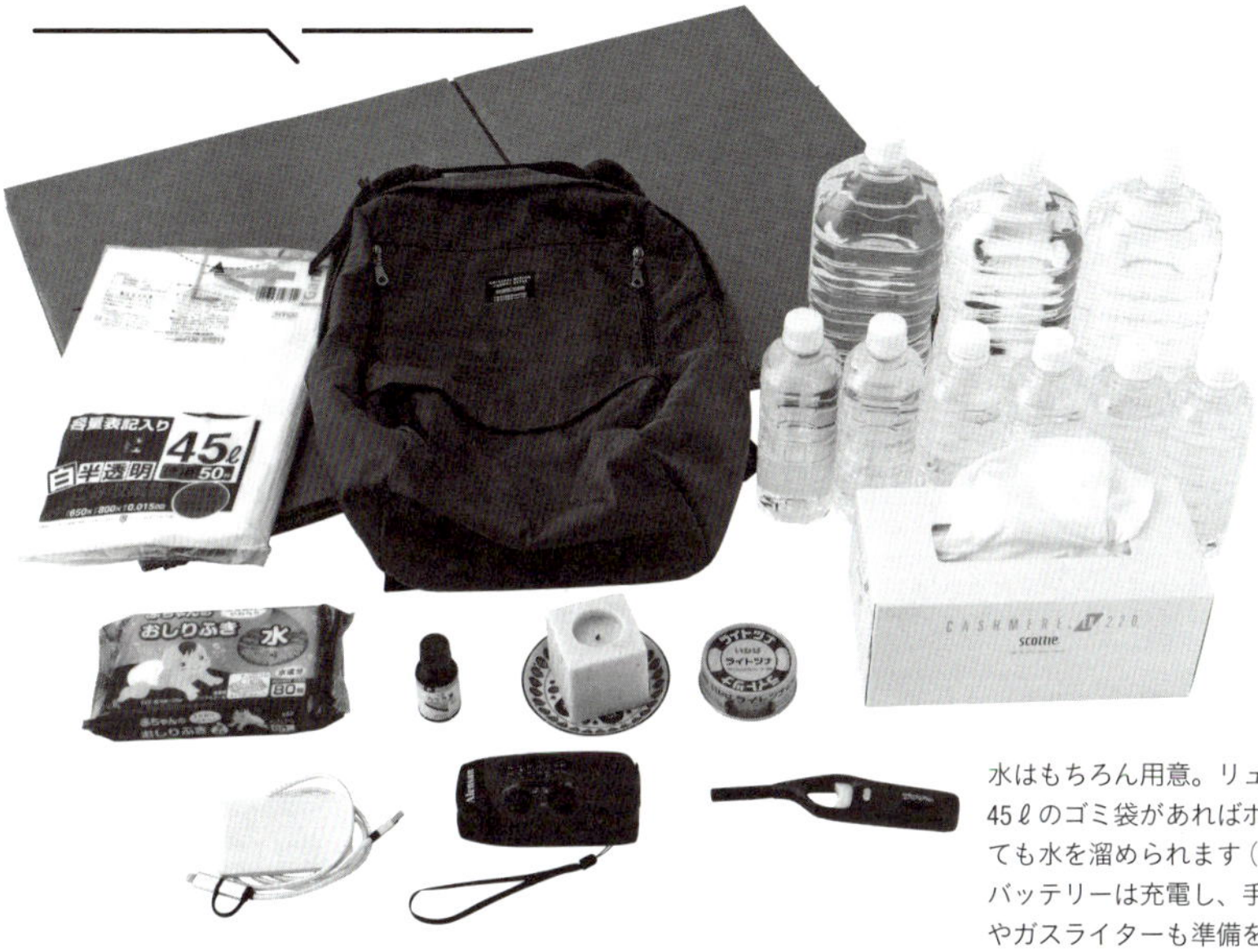

水はもちろん用意。リュックと段ボール、45ℓのゴミ袋があればポリタンクがなくても水を溜められます（P107、P109参照）。バッテリーは充電し、手回し充電ラジオやガスライターも準備を。体を拭くためのシートやハッカ油も便利（P128）。ツナ缶でキャンドルも作れます（P117参照）。

停電したら何が起こるのか

- 冷蔵庫が使えない
- IH調理器が使えない
- 電話が使えない
- テレビが観られない
- 充電器が使えない
- エアコンが使えない
- ATMが動かない
- エスカレーターが使えない
- 自動扉が開かない
- 電車が動かない

断水したら何が起こるのか

- 水が飲めない
- 食事が作れない
- トイレが使えない
- 風呂に入れない
- 歯磨きできない
- 髪も顔も洗えない
- 何かをこぼしても水拭きができない

停電断水が起きる

停電が発生した結果、圧力を加えるための仕組みの一部、たとえば揚水ポンプ（貯水槽・受水槽にくみ上げるためのポンプ）や、増圧ポンプ（ブースターポンプ、水道にかける圧力を追加するためのポンプ）が止まり断水が発生する。

自宅避難

「自宅避難する」と決断したら
自力で生き延びる準備を即スタート

← 一番最初にすべきは
とにかく水の確保です！

被災したら、住んでいる家が倒壊する危険はないかなどを冷静に見極め、自宅避難するか避難所に行くかを決断しなければなりません。

「自宅避難する」と決めたら、まず水の確保を。マンションの場合、水道が止まらなくても停電すると水をくみ上げるためのポンプが稼働しなくなり、断水する恐れがあります。停電してもしばらくは水が出ることが多いので、お風呂やバケツ、やかん、ペットボトルなどにできるだけ多くの水を溜めましょう。やかんやペットボトルに溜めた水は飲み水として、お風呂に溜めた水は生活用水として使えます。

たくさん水を溜めることができたら、お隣さんにおすそ分けする心の余裕を持ちたいですね。元の生活を取り戻すためには、物心両面で周囲と助け合うことが必要不可欠なのです。

たらいやバケツを使い尽くしても段ボールがあれば水を溜められる

1

水の重量で底が抜けないよう、段ボールの底を写真のようにガムテープでしっかり止めます。

2

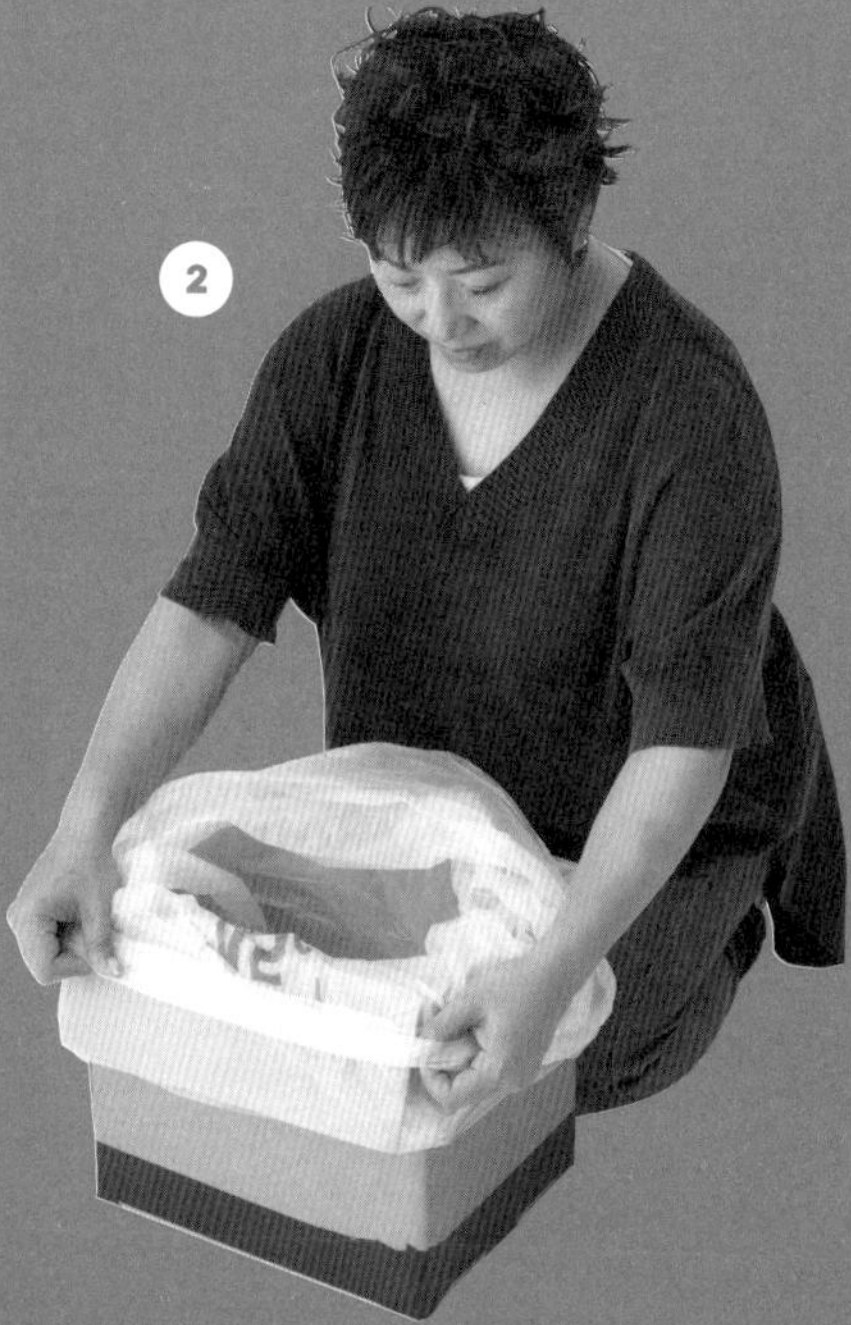

45ℓのゴミ袋を2枚重ねて段ボールの中に入れます。2枚重ねたゴミ袋の口のほうを折り返し、段ボールを覆います。

3

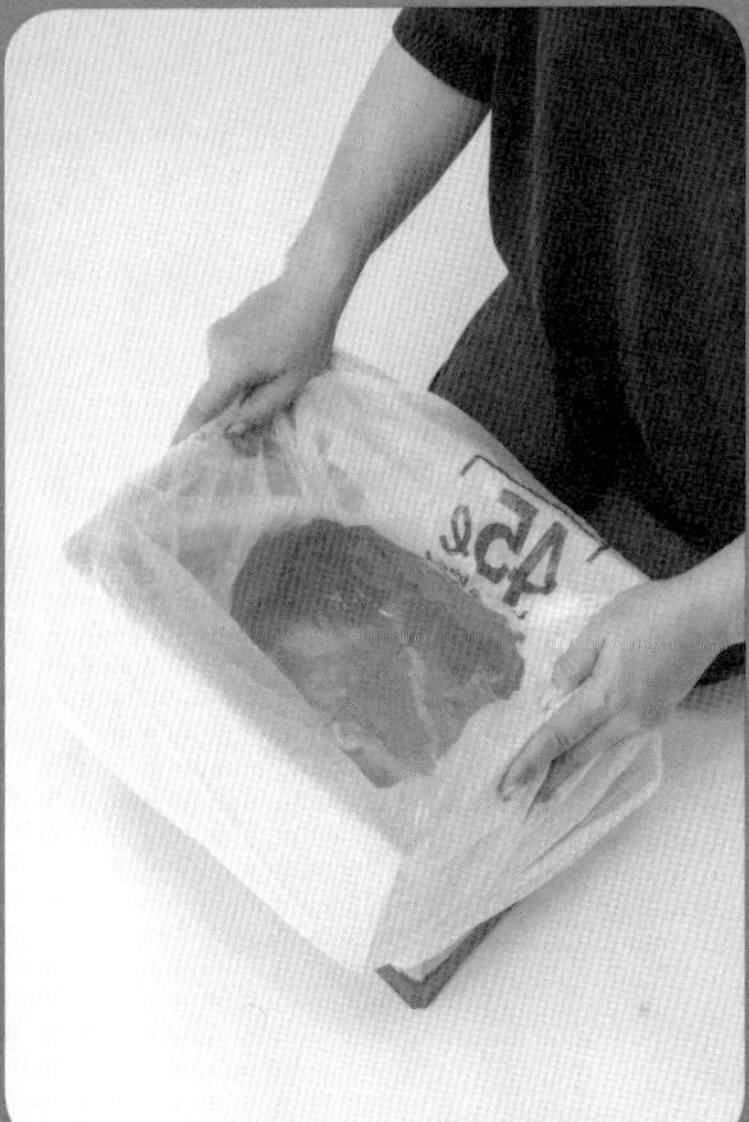

8分目くらいまで水を注ぎ、こぼれないよう1枚目のゴミ袋をひとつ結びにし、2枚目のゴミ袋も同様に結びます（ひとつ結びはP109の⑥参照）。

4

段ボールの上のフタをガムテープで止めます。水を入れた段ボールは重いので、持ち上げる際は腰を痛めないよう注意。

POINT

自宅避難
給水にはポリタンクより リュックがオススメ

使用するもの

持ち手がしっかりしているアウトドア用のリュック（容量20ℓ程度）と45ℓゴミ袋が２枚あれば、ポリタンクの代わりに水を運べます。

災害による断水が続くエリアでは、給水所が設けられ、給水車が水を配ります。

給水車はだいたい被災してから10日から2週間以内にくることが多いです。水は無料でもらえますが、容器は自分で持っていく必要があります。

リュックなら女性でも15ℓくらい運べる

容器を用意していなかったからと、500㎖のペットボトルを手に並んでいる人を何人も見ました。大人ひとりあたり必要な水は1日3ℓと言われていますから、まるで足りません。

でも、ポリタンクをわざわざ用意しておかなくても大丈夫。

私のオススメはリュックにゴミ袋をセットし、ポリタンク代わりに使う方法です。ゴミ袋を二重にして使えば、水漏れの心配もなく、背中に背負えるのでポリタンクより持ち運びもずっとラクです。自宅に水を持ち帰るだけであれば、女性でも15ℓぐらいは一度に運べます。

左ページに詳しい手順を紹介しました。これは給水車に水をもらいに行くときだけでなく、地震の直後に急いで水をくんでおきたいときにも役立つテクニックですのでぜひ覚えてください。

リュックに水をくむ方法

1

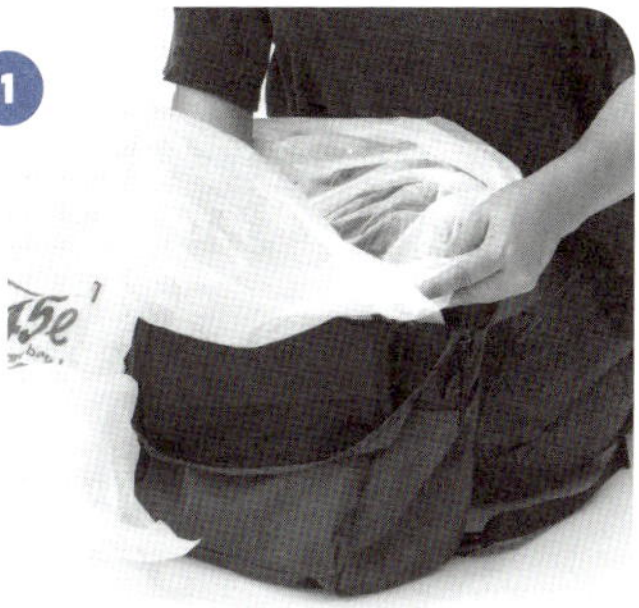

リュックを大きく広げ、中に45ℓゴミ袋を1枚セットする。リュックの大きさは女性が運ぶ場合は20ℓ程度が運びやすい。男性や慣れている人の場合には40ℓ程度までは運べます。

2

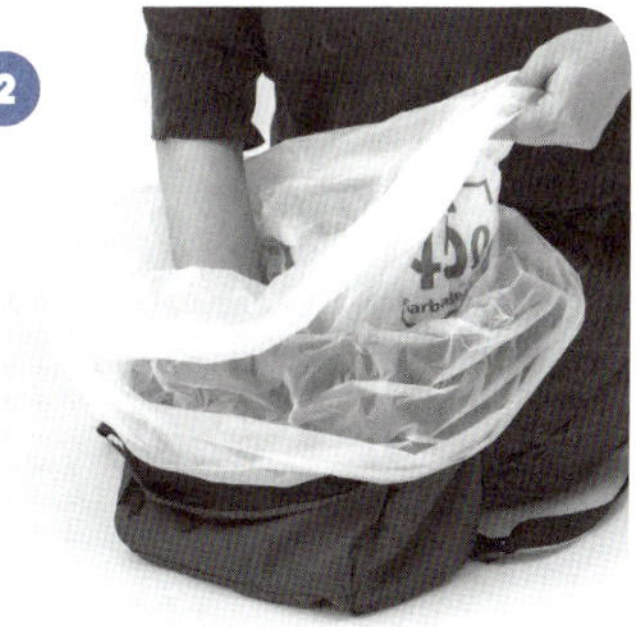

ゴミ袋をもう1枚重ね、二重にする。これはリュックの中で水漏れするのを防ぐためです。何かの弾みで一方のゴミ袋が破けたとしても、もう一方が大切な水を守ってくれます。

3

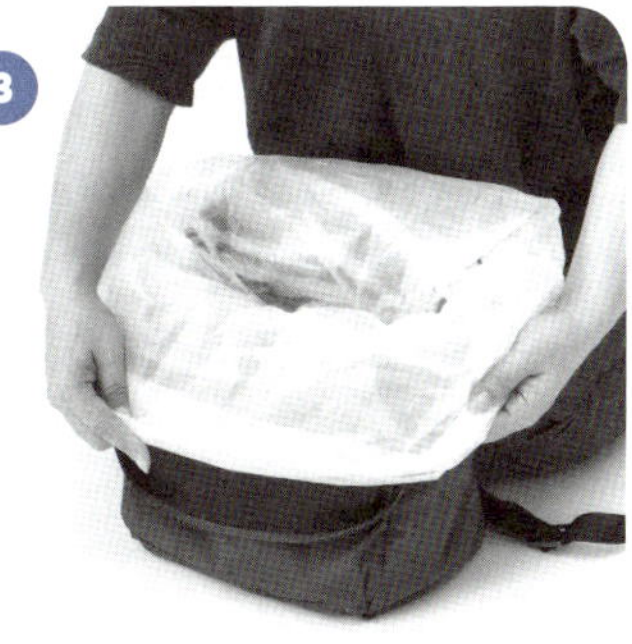

二重に重ねたゴミ袋をしっかり広げ、リュックを覆うようにする。広げ方が甘いと、水を入れたときに水圧でゴミ袋が閉じてしまい、周囲に水をこぼすなどのトラブルの原因に。

4

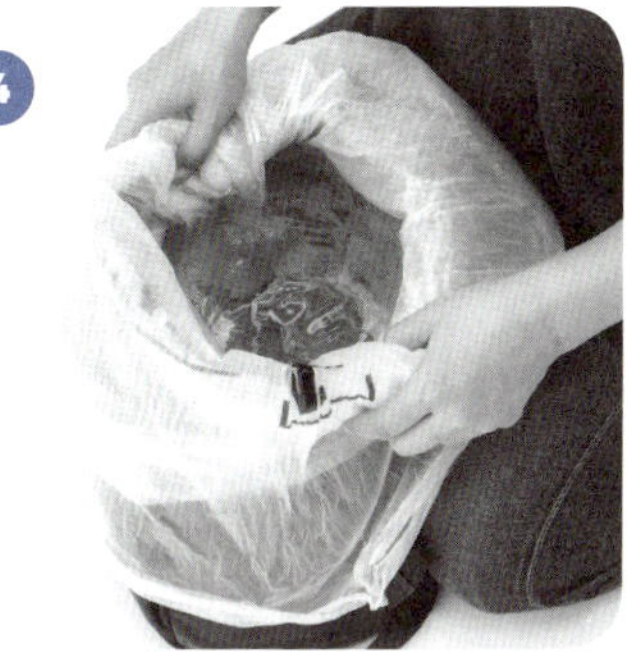

リュックの容量の半分〜8分目を目安に水を注ぐ。持ち運ぶ距離などを考え、欲張りすぎないことも大事。台車があれば、目いっぱい注ぐという選択肢もあります。

5

内側のゴミ袋をきっちりとひとつ結びにし、水がこぼれないようにします。このとき、できるだけ空気が中に残らないようにするのが、水を長持ちさせるコツです。

6

外側のゴミ袋も⑤と同じ要領でしっかりと結んだら準備完了。リュックのファスナーを閉め、重たいリュックを背負う方法（P51）を参考に、背中に背負い、持ち帰りましょう。

持ち上げるときは腰を痛めないよう慎重に！

POINT…

自宅避難

冷蔵庫の中身を確認して献立の計画を立てる

水の確保（P106）を終えたら、なるべく早いタイミングで冷蔵庫の中身を確認し、献立の計画を立てましょう。日持ちしない生鮮食品から使うのが鉄則。停電などライフラインが断絶している場合はなおさらです。

冷凍庫は極力、ドアを開け閉めしないように。冷気を逃がしさえしなければ、停電になってからも数日間は冷凍状態を維持できます。まずは生鮮食品を食べ、冷凍してある食材は溶け始めるギリギリまで手をつけないのがポイント。最も日持ちしやすい乾物は少しずつ食べて残しておきましょう。こうした工夫をすれば、家にあるもので1か月近くは食いつなげるはずです。

冷凍庫の中身もローリングストックを

冷凍庫の中身が見られないと、献立が立てられないのでは？　と不安に感じた人もいるかもしれません。我が家では、下ゆでした野菜類、ミックスベジタブル、冷凍うどんなど、冷凍庫にストックしておくべき〝スタメン〟を決めています。食べた分だけ補充し、毎週月曜日には元の量に戻す「ローリングストック」を実践しているので、冷凍庫を開け閉めしなくても、在庫の量と内容が把握できるのです。

冷蔵→冷凍→乾物の順で！

食べたら食べた分だけ翌週月曜までに補充！

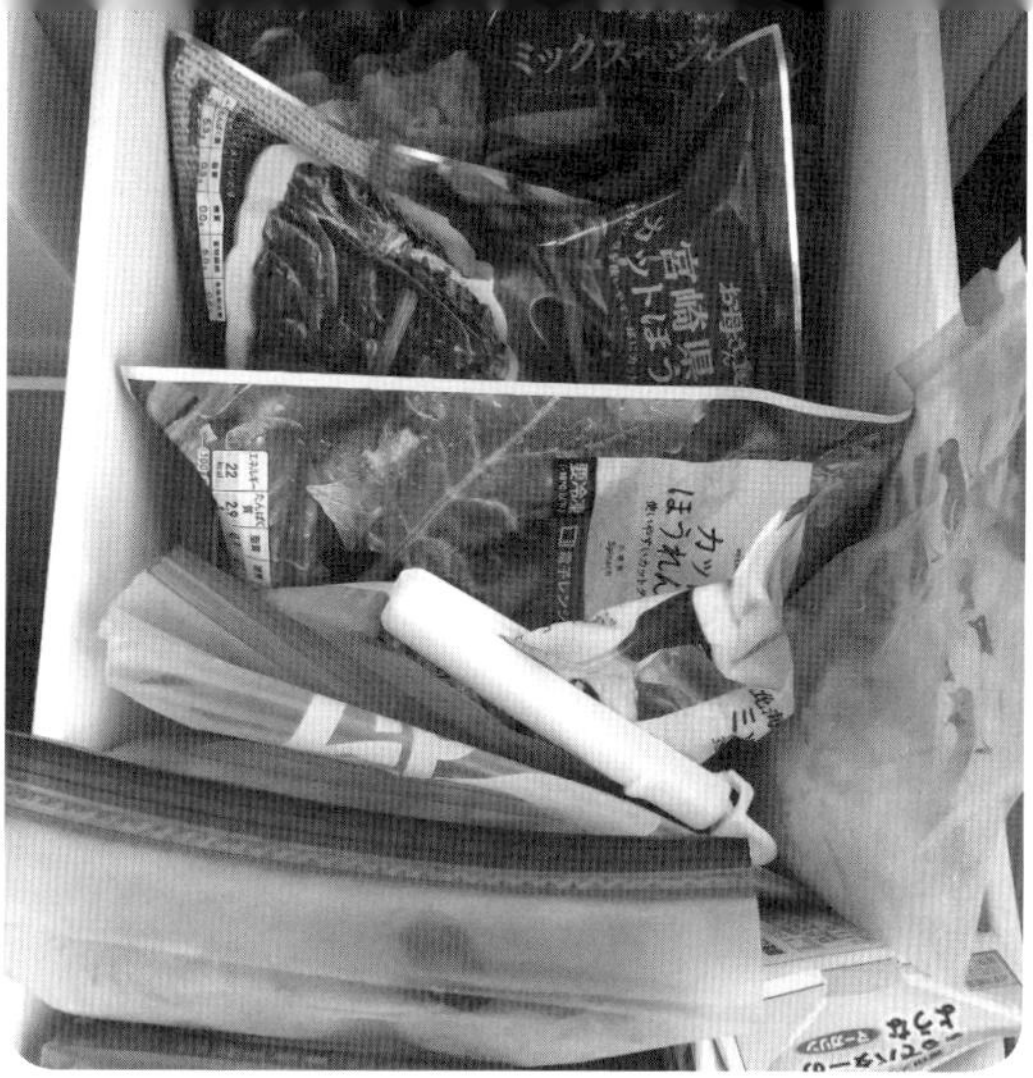

ざく切りにした白菜とキャベツ、チンゲンサイ、サトイモ、レンコンなどを下ゆでして冷凍庫へ。時短料理にも役立ち、防災時はパッククッキング（P114）はもちろん、自然解凍してそのまま食べることも可能。ミックスベジタブルも便利。

カセットコンロとボンベは必需品

カセットコンロは自宅避難で温かい食事をとるために不可欠

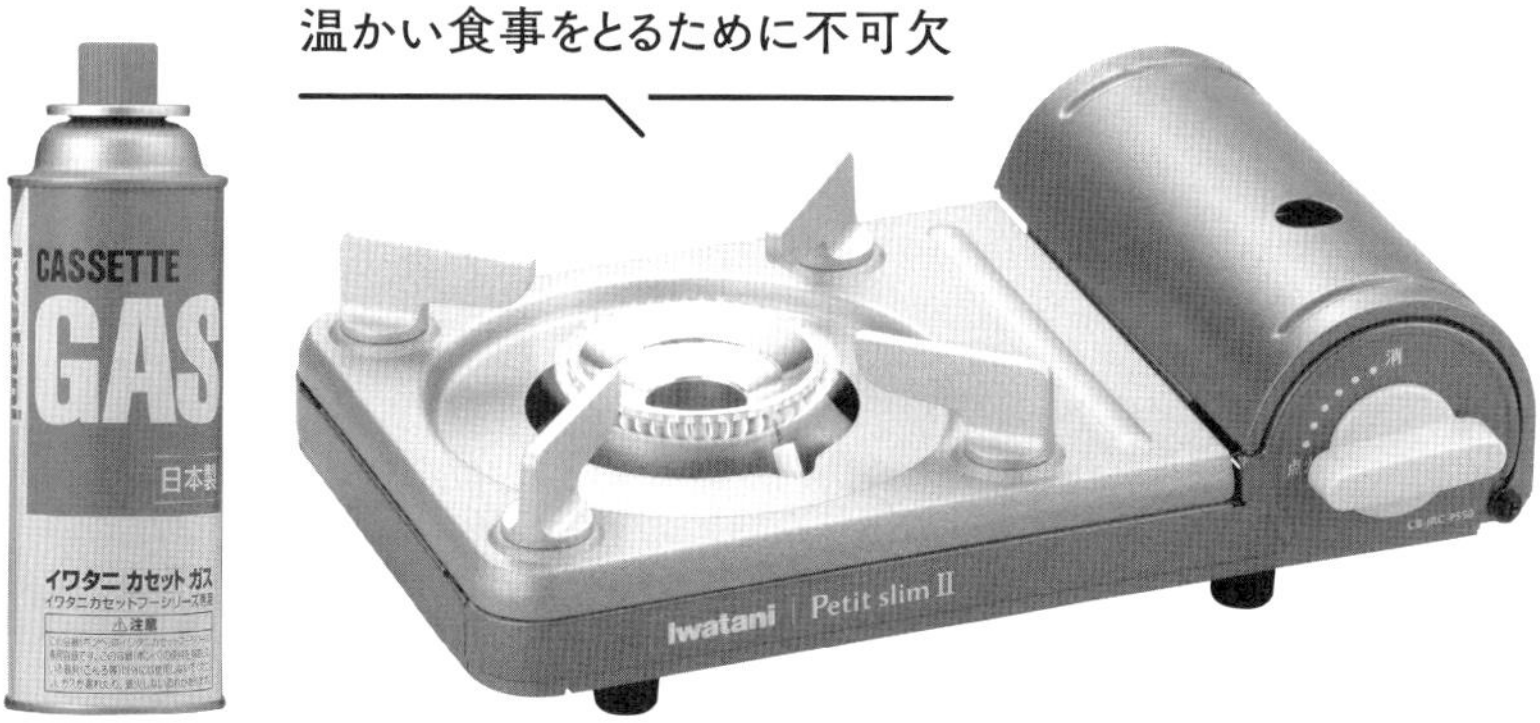

場所をとらないスリムタイプが◎。プチスリムII オープン価格（実勢価格4000円前後）㊐岩谷産業☎03-5405-5836

被災時クッキング

平時に近い食べ物を口にできると人は精神のバランスを保てます
←
おいしい食事を用意する知恵と工夫が大切です

被災すると、それまで当たり前に享受していた便利さ、快適さ、娯楽が突然損なわれます。

停電したらTVも観られず、スマホもあまり使えず、外出もままならなくなります。そうなると、食べるくらいしか楽しみがなくなるのです。被災すると誰でも多かれ少なかれ心にダメージを受けますから、「食」の果たす役割は非常に大きいと言えるでしょう。

カンパンなどの防災食ではなく、普段食べ慣れたものに近い食事を口にできると、人は極限状態でも精神バランスを保ちやすくなります。そのために、防災食を買い込むのではなく、普段使っている食材のローリングストックを推奨しているのです。

限られた条件下で平時に近い食事を用意する知恵と工夫を紹介していきますので、ぜひ身につけてください。

主食は米にこだわるな

米は炊くのに手間がかかります。パスタなどの麺類を積極的に取り入れていきましょう。お米が大好きな人は、水を入れるだけで食べられるアルファ化米を備えておくといいでしょう。

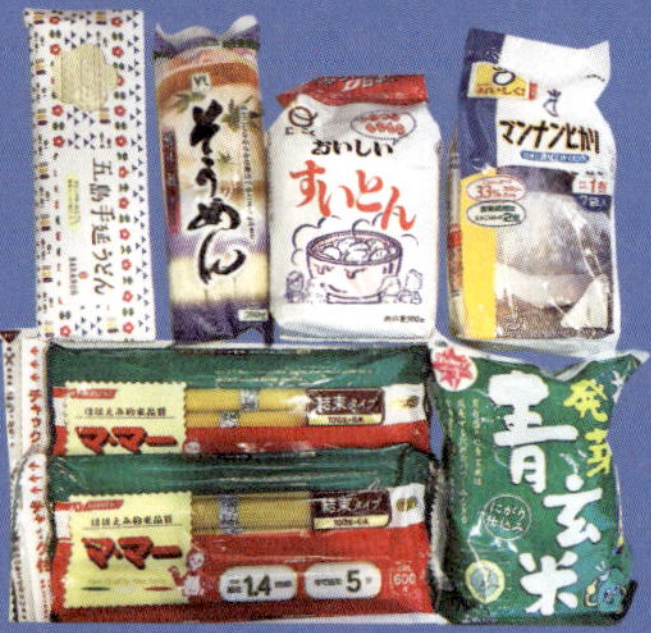

火を使わなくてもできるパスタの作り方

使用するもの

ジッパー袋、パスタソース、早ゆでパスタ、用意できるならお湯、なければ水を使います。

1 ジッパー袋に入るように折ったパスタを入れ、湯または水を写真のようにパスタがかぶる程度に注ぐ。

2 水なら1時間、お湯なら5分ほどつけておく。指でパスタがちぎれる程度になればOK。

3 水またはお湯を切ったパスタにソースをかける。水またはお湯は別の容器にあけ再利用する。

4 ジッパー袋を揉んだり振ったりしてソースをパスタに絡める。箸が使えるなら最後にほぐす。

水で作ると冷たいパスタになります。「冷えたパスタ」と思うと心が沈みますが、「冷製パスタ」だと思えば不思議とおいしく感じる。お湯はカップスープに再利用。

POINT…

被災時クッキング

被災時でも温かいものが食べられる超簡単「パッククッキング」

被災地で炊き出しが行われて、温かい食事に被災者たちが生気を取り戻すのを何度も目にしてきました。温かいものは心を癒してくれます。

ですから、ここでご紹介する「パッククッキング」は絶対に覚えていただきたい調理法です。パッククッキングと言うと難しく感じるかもしれませんが、要は湯せんのこと。とても簡単なので誰でもできます。

パッククッキングには、お鍋をするときに使うカセットコンロとガスボンベが必須。また100均などでも購入できる高密度ポリエチレン製のビニール袋（以下ポリ袋）も必要です。

災害が起きるとガスボンベは争奪戦に

ガスボンベは災害が起きる、あるいは起きそうになるとあっというまに売り切れるので、平時から12本くらいは備蓄しておき、台風などの予報が出たら30本になるように買い足すのをオススメします。これだけあれば1か月はもつでしょう。

ときどき、ポリ袋でなくジッパー袋を使う人がいますが、高温のお湯で溶けるのでNG。ジッパー袋は電子レンジの過熱には対応していますが、高温のお湯には使えません。

使用するもの

カセットコンロ、ガスボンベ、ポリ袋、鍋、水。米を炊く場合は、研ぐ必要のない無洗米が便利。

ごはんの炊き方

1

2

食べる分の米をポリ袋に入れて水を注ぎ、ひとつ結び。水の量は米の上辺から見て人差し指の第一関節分になる程度の深さに。

タンパク質＋野菜のおかずの作り方

1

2

適当な大きさに切った野菜や冷凍野菜と、肉や魚の缶詰1缶をポリ袋に入れて手で揉んで混ぜ、ひとつ結びする。

ゆで卵の作り方

1

2

卵と、卵が1cmほどつかる程度の水をポリ袋に入れてひとつ結びする。蒸すので、水の量は多くなくても大丈夫。

3

鍋に水を張り食材の入ったポリ袋を入れて火にかける。米は炊けるまで20分ほどかかるので先に入れておき、火の通りやすいものはあとから入れてでき上がりのタイミングを合わせる。缶詰の代わりにパスタソースを調味料として使うのも◎。

おいしくて楽しい料理は
傷ついた心を温めてくれる

POINT …

被災時クッキング

被災時こそ楽しみを持つ工夫を！エンタメ的に作れるレシピ2選

食は被災時の最大の楽しみ。せっかくですから調理工程もエンタメにしてしまいましょう。

　たとえば、ネットでも話題のじゃがりこを使ったアレンジレシピ。栄養満点になるように工夫しました。じゃがりこの原材料はじゃがいもです。そこに冷凍のミックスベジタブルとフライドオニオン、スキムミルクを加えれば、驚くほどおいしくて栄養価の高い「ポテトサラダ」になるのです。

　作る工程自体が楽しいのも特徴で、子供にも大好評。粘りを出すためによく混ぜる工程があるのですが、力を込めて混ぜるとストレス解消になります。スナックも工夫次第で立派なおかずになるのです。

本格的な味で明かりにもなる ツナ缶キャンドル

　もうひとつのオススメが「ツナ缶キャンドル」。ティッシュで作ったこよりをツナ缶に含まれる油に浸して火をつけると、Lサイズなら50分程度燃え続けます。停電時の明かり代わりにもなりますし、燻製されていくツナの香ばしい匂いが空気中に充ちて、心が豊かになっていきます。何より本格的な「燻製味」になるので、私は平時にもおつまみにするほど気に入っています。

スナックを使った栄養満点ポテトサラダの作り方

使用するもの

じゃがりこ、冷凍ミックスベジタブル、フライドオニオン、スキムミルク、マヨネーズ、水またはお湯、お好みでミックスナッツ。

1 じゃがりこの容器の半分くらいまで水またはお湯を入れる。フタをして水の場合は10分、お湯なら5分置き、箸でかき混ぜる。

2 ①にミックスベジタブルをお好みの量入れて混ぜる。野菜を摂取できる機会なので、多めに入れるのがオススメです。

3 ②にスキムミルクを小さじ3杯程度入れて混ぜる。被災時は牛乳が手に入りづらいのでスキムミルクがあると重宝します。

4 ③にマヨネーズを大さじ2杯分程度入れて混ぜる。マヨネーズの量はお好みの硬さになるように調整してください。

5 ④にフライドオニオンを入れて混ぜる。お好みで砕いたミックスナッツの半量を入れて混ぜ、残りを上から散らす。

明かりになって味も絶品！ツナ缶キャンドル

使用するもの

ツナ缶Lサイズ（油が入っているもの）、ティッシュ1/4枚、ガスライター。

1 缶のフタを完全には切り離さないようにして開け、V字に折る。フタを指で押し、油をV字にへこんだ部分に集める。

2 ティッシュでこよりを作る。火をつけるために、よらない部分も少し残しておく。長さは点火しやすいよう調整する。

3 ①で集めた油にこよりを浸す。ただし、着火させるため、よらずにある部分は油に浸さないよう注意する。

4 ティッシュのよらずにある部分をタブに通して、点火しやすいように角度を調整し、上に向けるようにする。

5 ガスライターで火をつける。火が燃え尽きたあとに残ったツナはおいしくいただく。マヨネーズや七味をかけても◎。

POINT …

被災時クッキング

配給された幕の内弁当はアレンジして飽きないように

配給されるお弁当は、栄養バランスがよく、万人受けする幕の内弁当が多いです。流通上の問題で、毎日同じ弁当ということもあります。

もらえるだけでもありがたい。でも、毎日同じお弁当を食べ続けたら、食欲もなくなるもの。飽きないようアレンジを工夫しましょう。左ページを参考に、自分好みにやってみてください。

なお、配給は避難所にいる人が優先です。自宅避難している場合、普段から避難所のお手伝いをして、信頼関係を築きましょう。お互い被災者であり支え合うことができます。それにより救援物資を共有できるかもしれません。

お弁当がオシャレに変身！

そのままでは冷たく味気ないお弁当も、アレンジを加えることで、おいしい食事に変わります。目で楽しみ、心を弾ませる。そんな時間を持つことが大切です。

使用するもの

配給の定番である幕の内弁当のほか、今回はアレンジ用にカップスープ（トマト味）、すし酢、ミックスナッツを用意しました。

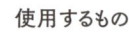

メンチカツをトマトスープにアレンジ

1

幕の内弁当からメンチカツを取り出し、ひと口大にカットします。付け合わせのネギも取り出し、太めの千切りにします。

2

トマトスープを少なめのお湯で固めに溶きます。規定の湯量の半分程度を目安に、少しずつお湯を足していくのがコツです。

3

メンチカツの半量に、②をソースとしてかけます。②の残りに湯を足し、残ったメンチカツとネギを加えてトマトスープに。

白飯と煮ものをちらしずしにアレンジ

1

幕の内弁当から白飯と煮もの、卵焼き、漬物を取り出します。そのままでは冷たく、味気ないのでアレンジを加えてみましょう。

2

取り出した煮ものや卵焼きなどを細かく刻みます。ミックスナッツも刻んで具に加えると、歯ごたえが出てストレス緩和に効果あり。

3

ポリ袋に白飯を入れ、すし酢をひと回し加えます。酢飯にすると、冷えたごはんが不思議とおいしく食べられるのです。

4

ポリ袋の上からごはんをよく揉みほぐします。まんべんなくすし酢がいきわたるよう、しっかりほぐすのがポイントです。

5

④に②（卵焼き以外）を加え、さらに揉みほぐします。全体によく混ざったら、形を整え、皿にドーム状に盛り付けます。

かわいく盛り付けて気分を上げよう

6

刻んだ卵焼きを錦糸卵に見立てて、飾り付ければ完成。カラフルなちらしずしが、被災下の暮らしに花を添えてくれます。

衛生

被災すると体力が落ち、普段なら平気な感染症にかかりやすくなる

↓

大丈夫だろうと体力を過信せず万全の対策を

災害により断水が発生すると、衛生を保ちづらくなります。さらに、環境が変わることで睡眠の質も低下し、ほとんどの人が体力を消耗します。普段丈夫な人でも風邪やインフルエンザなどの感染症にかかりやすくなるのです。最初はちょっとした風邪でも、治療がなかなか受けられないため、気管支炎や肺炎にまで至ってしまうケースが頻発します。

「シモ系」の感染症にかかる人もとても多いです。救援物資や保存食は塩分が多いうえ、なるべくトイレを使いたくないからと水を極力飲まないようにしてしまうため、尿道炎を発症しがち。そこから膀胱炎→腎盂《じんう》腎炎にまで進むケースもよくあります。

被災時は病院に行くのもひと苦労。病気にならないように衛生には最大限の注意を払う必要があります。

少ない量でのどを潤す水の飲み方

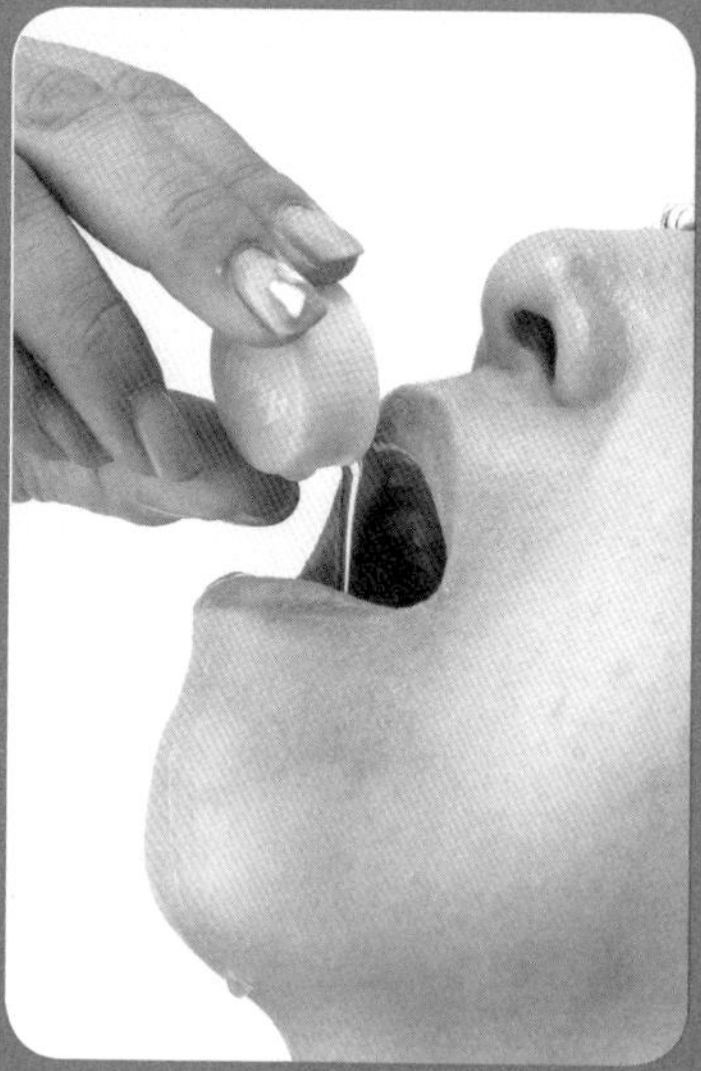

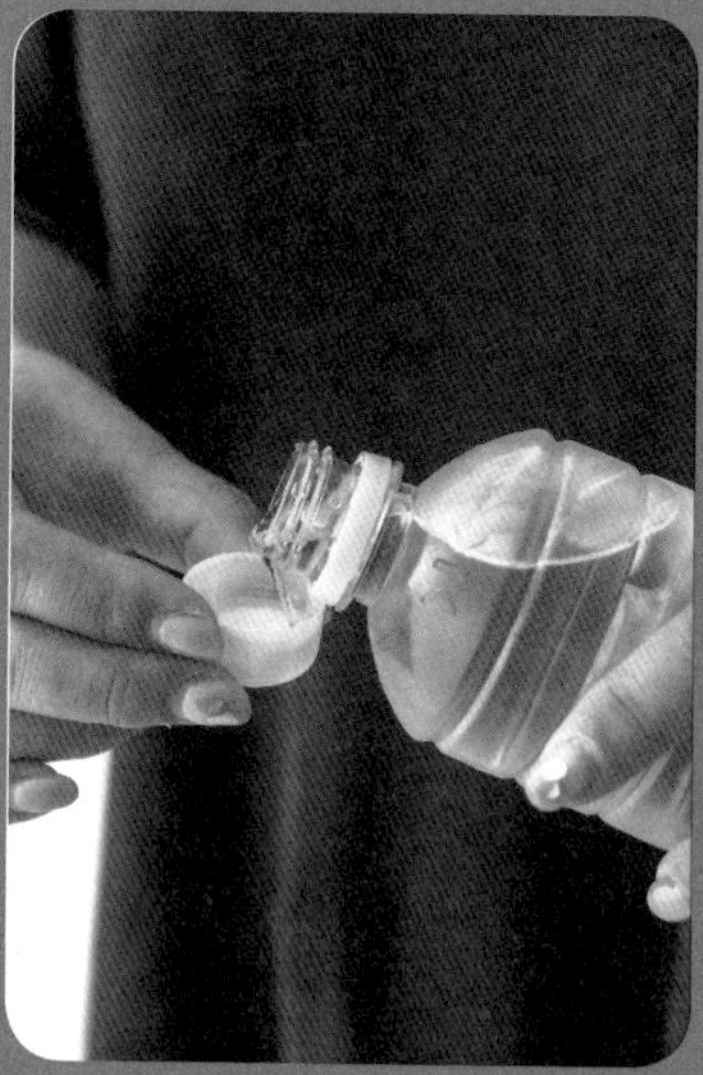

ペットボトルのキャップに水を注ぐ。菌の繁殖を防ぐためキャップには口をつけずに水を口の中に入れ、舌の裏に流し込んで10秒待つと唾液が分泌され、少量でものどが潤う。

45分に1回、キャップ1杯分の水を飲むだけで風邪の罹患率が7割下がります。

ラップとビニール袋で皿などの衛生を保つ

断水で皿やまな板、コップが洗えない場合は、皿とまな板にはラップをかけ、コップにはポリ袋をかぶせて輪ゴムで止めることで衛生を保てる。使ったら取り替えること。

飲み終わったら新しいポリ袋に取り替えて

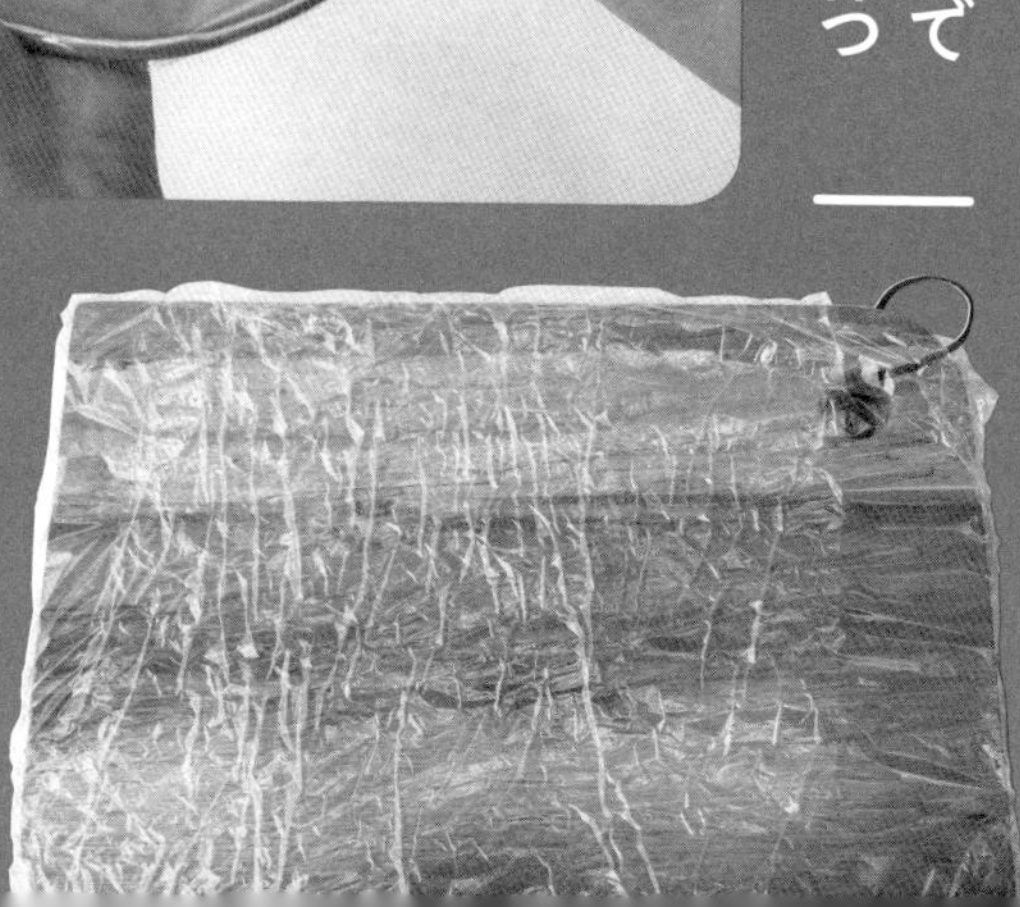

POINT …

衛生

断水時でも使用できる災害用トイレの作り方

被災時に切実なのが「トイレ」問題です。大きな災害があると停電や断水などで長期間トイレが使えなくなることもあります。

そんなとき知っておくと役立つのが、左ページで紹介する「災害用トイレ」の作り方です。ゴミ袋（45ℓ）とペットシーツ、ちぎった新聞紙があれば、すぐ作れて後始末も簡単。ゴミ袋を縛る前にハッカ油やティートリーなどを振りかければニオイ対策になります。

排泄は生理現象ですから、我慢してなんとかなるものではありません。できるだけトイレに行く回数を減らしたいからと水分や食事を控えると、体調を崩す原因にも。安心してトイレに行ける環境を整えることが大切です。

手指の衛生をキープするウェットティッシュも必須

また、気をつけたいのがトイレ後の手指の衛生。免疫力が落ちていると感染症にかかりやすくなります。しかも、断水していると手を洗えなくなるため、ウェットティッシュなどを用意しておきましょう。

ちなみに、ゴミ袋に「45ℓ」と書いてあるなら、文字が的になるように設置すると、男性がこぼさずにしてくれるようになります。

意外と簡単！災害用トイレ

使用するもの

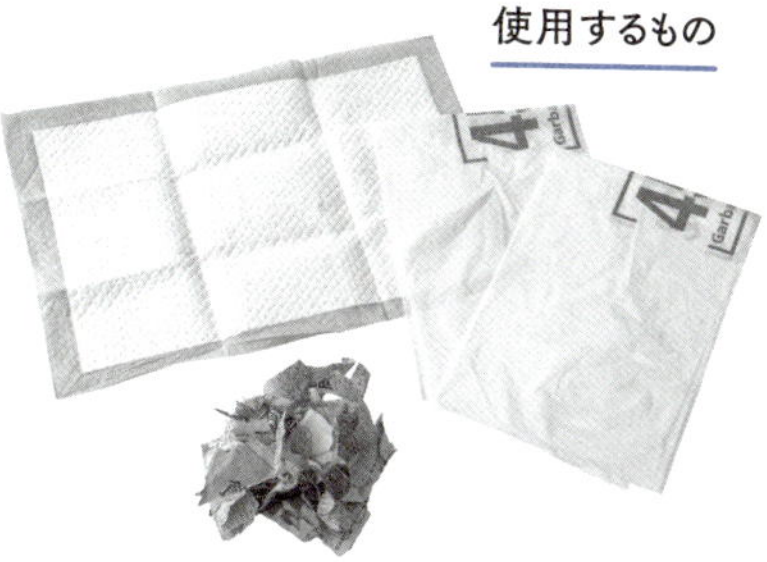

ゴミ袋（45ℓ）２枚とペットシーツ（レギュラーサイズ）１枚、ちぎった新聞紙（朝刊１枚程度）を用意します。ペットシーツがなければ新聞紙を多めに。

専用グッズがなくても、災害用トイレは作れる

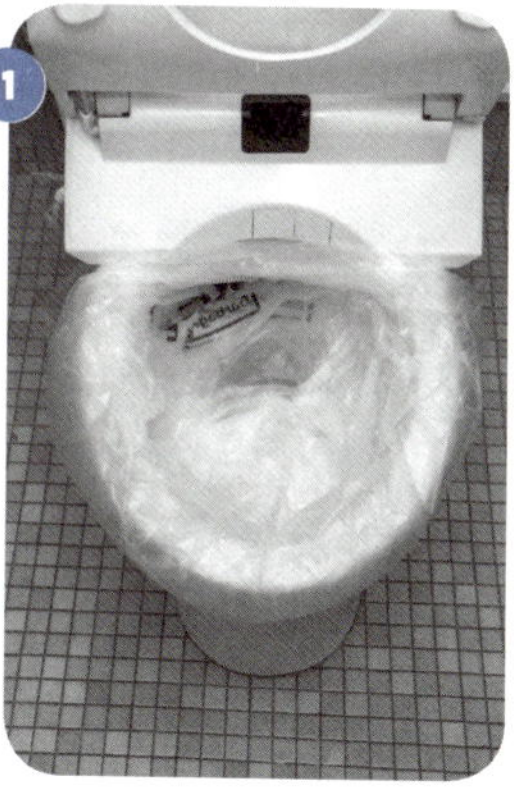

便座をあげ、ゴミ袋を二重にして便器にかぶせる。※使用後は下のゴミ袋はつけたまま上のゴミ袋のみ交換。

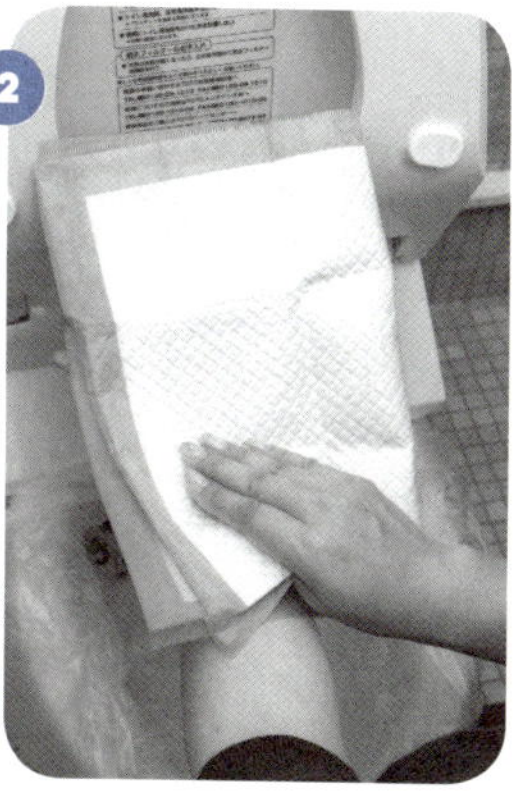

ペットシーツを吸水面が外側にくるよう二つ折りにする。よく吸ってくれるようにするためのひと工夫です。

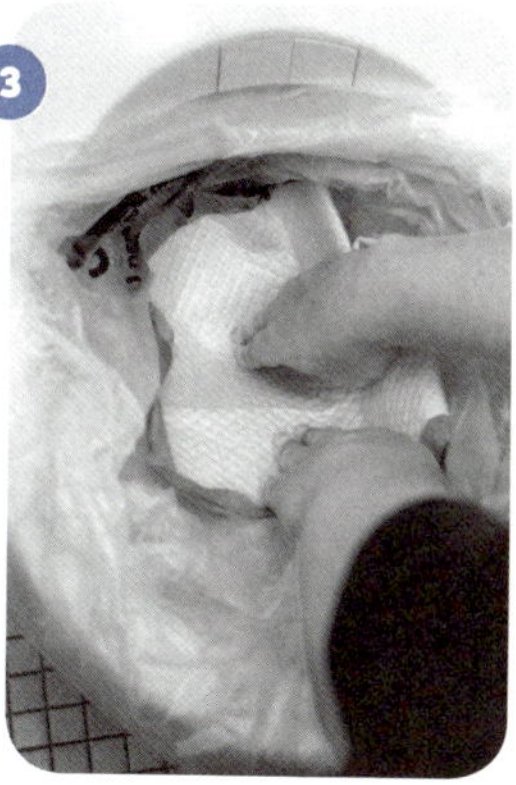

②のペットシーツの中央に、小さくくぼみを作って設置すると、排泄物をしっかりキャッチしてくれます。

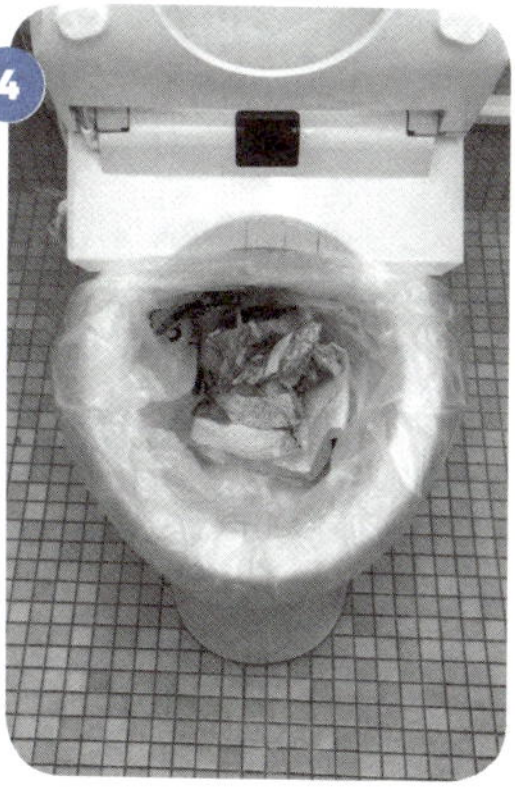

③の上に新聞紙ひとつかみ分をのせる。吸水と消臭のダブル効果に加えて、排泄物を目隠しする効果も。

完成

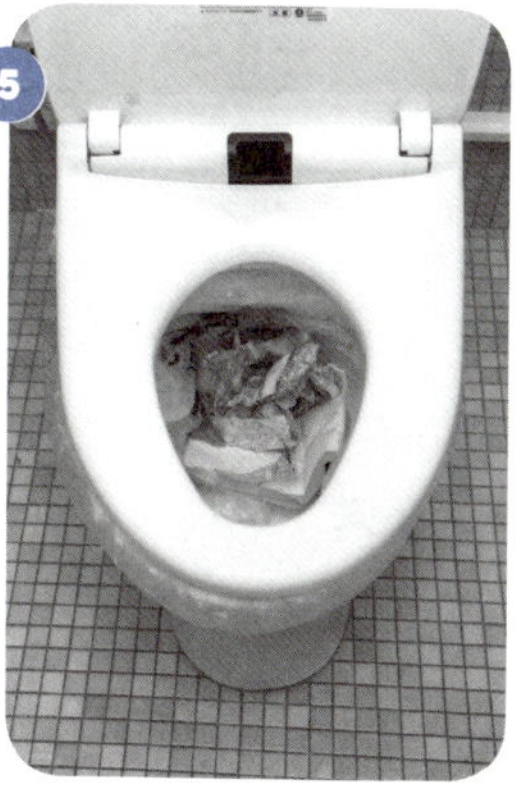

便座を下ろせば完成。尿意や便意をもよおしたら、いつも通り便座に座り、用を足すことができます。

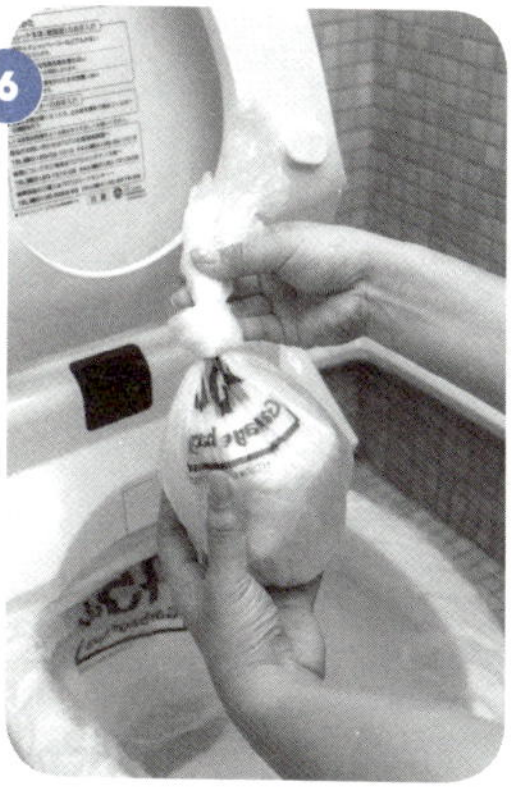

用を足した後は上のゴミ袋だけ外して口を結ぶ。ビニールの余った部分をひっくり返して縛れば二重になる。

POINT…

衛生

膀胱炎などの感染症予防に！ペットボトルウォシュレット

私が必ず持ち歩くアイテムのひとつに、「穴が開いたペットボトルのキャップ」があります。これがあれば、いつでもどこでもペットボトルが「ウォシュレット」に早変わりします。

災害が起きてライフラインが断絶すると、お風呂に入れない日が何日も続きます。特に困るのが陰部のケアです。胸や背中、腕や首などは濡れタオルで拭くことができれば、ある程度の清潔を保つことができます。でも、陰部に関しては洗い流さないとスッキリしません。そんなとき役に立つのが、ペットボトルのウォシュレットなのです。

トイレットペーパーはこすらず、押さえて拭く

感染症を防ぐには、用を足した後のトイレットペーパーの使い方にも気を配りましょう。ゴシゴシこするように拭くと、尿道炎など思わぬトラブルを引き起こすことにもなりかねません。普段はなんともなくても、被災のストレスで免疫力が下がっていることをお忘れなく。

オススメは押さえ拭き。トイレットペーパーの消費量も減らせて一石二鳥です。普段から押さえ拭きするクセをつけておくといいでしょう。

ペットボトルのウォシュレット

ペットボトルに水を入れ、穴あきキャップをつければ完成。シャワー代わりにも使えます(P130参照)。

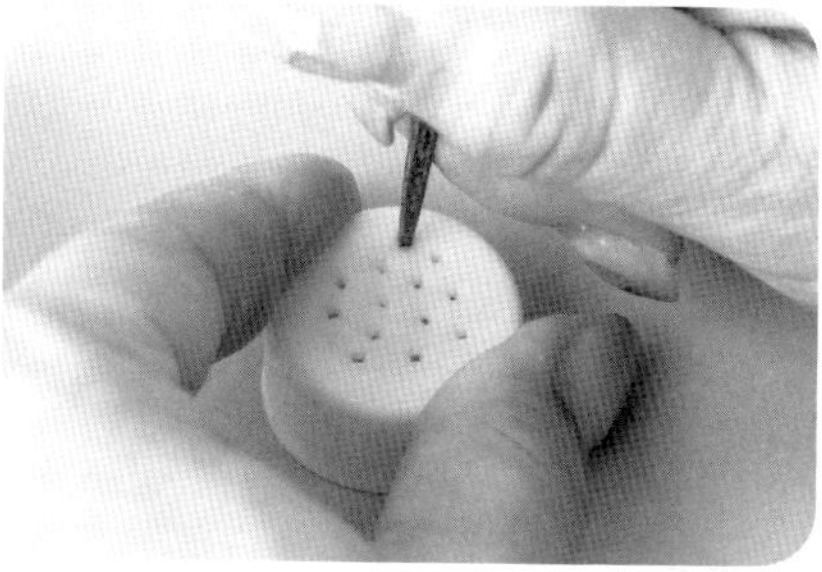

キリや千枚通し、たこ焼き用の金串などを使って、ペットボトルのキャップに10か所程度の穴を開けておきます。

キャップだけなら、かさばらずに持ち歩ける

ペットボトルはものによってキャップのサイズが異なります。メジャーなメーカーのキャップを揃えて。

感染症予防には押さえ拭き

大でも小でも「ミシン目2つ分」あれば、ペーパーの量は十分です

「トイレットペーパーの使いすぎ」は自覚しづらいもの。自分がどれくらいの量を使っているか、意識するのが最初の一歩です。

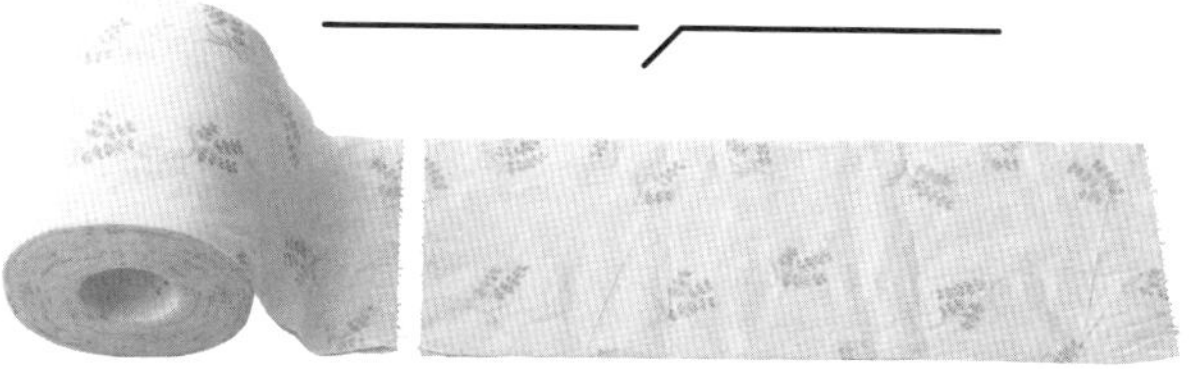

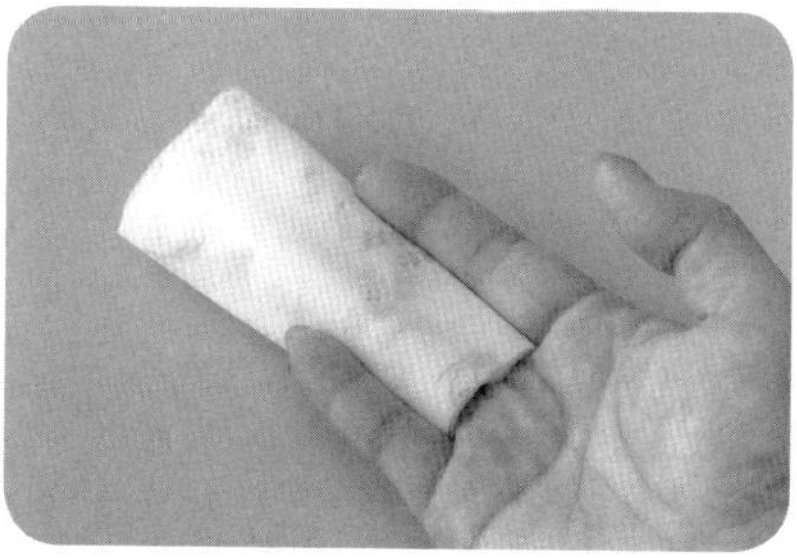

拭くときは、前から後ろに向かって、軽くトントン押さえるイメージ。さらに半分に折り、すみずみまで押さえ拭き。

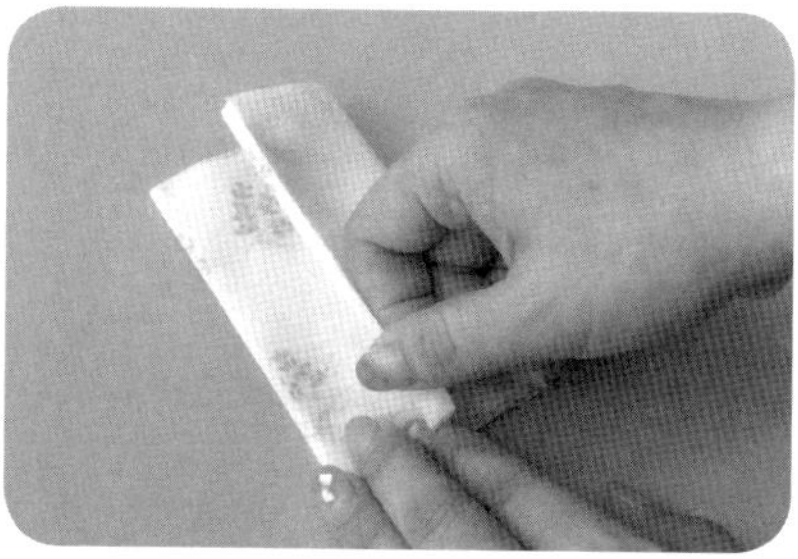

三つ折りにし、さらに縦半分に折ります

POINT…

衛生

断水時、くみ置き水をトイレに流すのは厳禁

断水している際、その原因がわからないのにお風呂のくみ置き水などでトイレを流すのは危険です。

地震などの災害で、排水管や下水管が破損して断水することがあります。特にマンションで排水管の途中が破損していると、自分の部屋から流したトイレの汚水が下の階に漏れてしまうというトラブルも起こります。汚水と言うとピンとこないかもしれませんが、はっきり言うと「ウンコ水」です。

また、1回の排泄をトイレで流すのに必要な水は、15～20ℓ、バケツ2杯分です。たった一回トイレを流すためだけに貴重な水をこれだけ使うのはもったいない。断水時はP123でご紹介した災害用トイレを使いましょう。

くみ置き水は1日過ぎたら煮沸して使うこと

掃除や体を拭くためのくみ置き水は、新しい水を清潔な浴槽に溜めてある場合、丸1日程度ならそのまま使っても大丈夫でしょう。それ以降は雑菌が繁殖するので煮沸して使わないと不衛生です。また、お風呂に入った後の残り湯を使用する場合も、煮沸するのがベターです。沸騰するまで加熱すればOK。ただし煮沸した水も3日間くらいで使い切るようにしましょう。

汚水が逆流する恐れも！

断水の理由がわかるまで水は流さないこと

排水管が詰まっているのに水を大量に流すと汚物が途中で詰まりメタンガスが発生、爆発した例も。地震などでトイレのタンクが破損している場合、汚水が逆流して部屋に溢れる可能性もあるので注意。

煮沸は沸騰させればＯＫ

カセットコンロなどでくみ置き水の煮沸を

くみ置き水は見た目は清潔でも、時間がたつと雑菌が繁殖してくるので煮沸して使うのがオススメ。薬局などで売っている風呂水をきれいにするタブレットを使ってもいい。

POINT …

衛生

ペットボトルの水1本分で全身サッパリさせる方法

以前、24時間心電図検査が必要になったとき、夏場に丸一日お風呂に入れなかったことがありました。いい機会だから「被災時を想定して、少ない水で体をサッパリさせる方法を考えよう」と試行錯誤して編み出したのが、左ページで紹介している方法です。お風呂に入れなくても、シャワーを浴びることができなくても、ペットボトルの水1本でOK。

ここで使用するハッカ油とは、ペパーミントのオイルのこと。20㎖ほどのものが1000円以下で手に入るので、常備しておくことを推奨します。

入浴できないとなると、汚れもニオイも気になります。特につらかったのが陰部、そして脇、髪でした。ショートヘアでも髪はべたつき、ニオイを発します。また災害時はストレス臭も出ますからかなり体臭はきつくなります。自分でもくさいと感じるぐらいですから、周囲にはさらに不快な思いをさせる可能性が高まるわけです。

災害時には近隣の施設や自衛隊の協力で、入浴支援が行われます。しかし、災害の状況や地域によって対応には必ずばらつきが出ます。1週間くらいお風呂に入れないことは珍しくありませんし、それ以上になることも視野に入れておく必要があります。

使用するもの

500㎖のペットボトルに入れた水1本（ミネラルウォーターでなくてよい）、穴あきペットボトルキャップ、ハッカ油、コットン1枚、ウェットティッシュ1枚

気分爽快！　ハッカ水シャワー

1

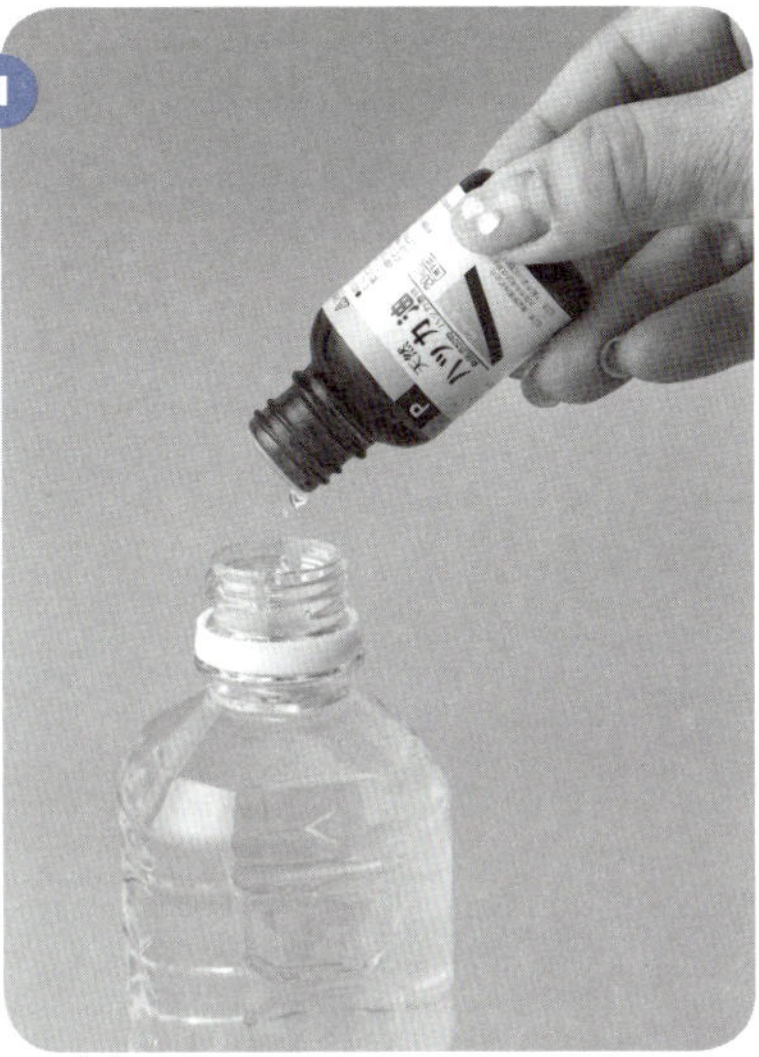

ペットボトルの水（500mℓ）にハッカ油を1～2滴垂らします。よく振って混ぜた後、キャップをウォシュレット用に穴を開けたもの（P125参照）に交換します。

2

化粧用コットンに、①のハッカ水を振りかけます。ここではコットンを湿らせることができればいいので、水はごく少量でOKです。貴重な水ですから、大切に使いましょう。必要ならコットンを2枚使っても。

3

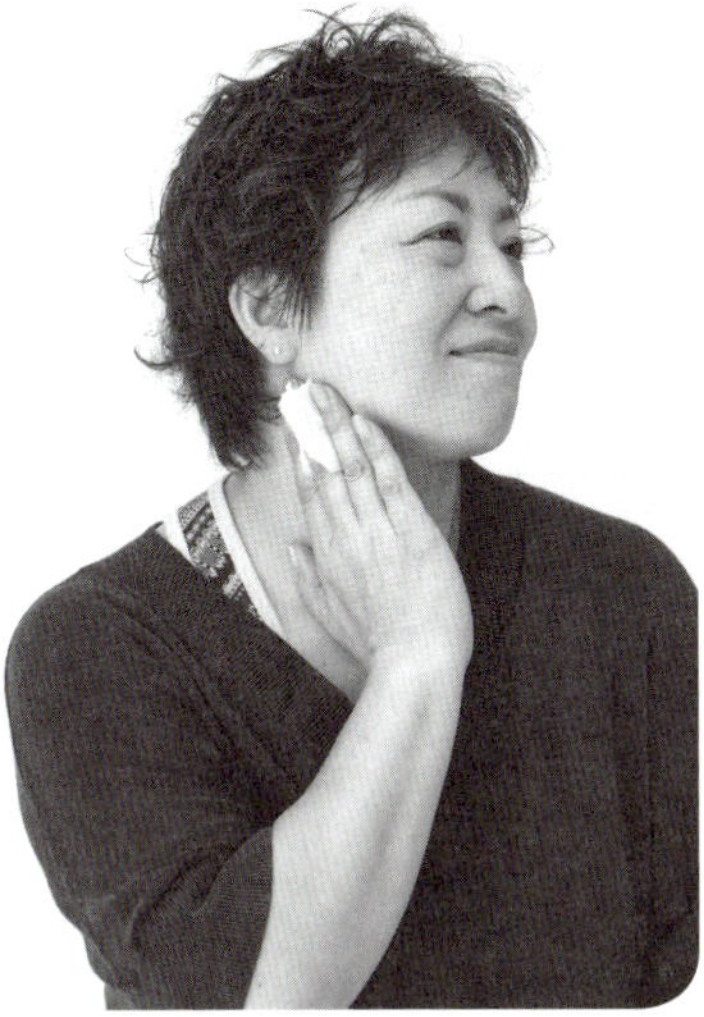

②で顔や耳のうしろ、首筋を拭いた後、おしりふきシートや大判のウェットティッシュで胸や脇の下～下半身を拭きます。ウェットティッシュにも適宜、ハッカ水を足すと拭きやすくなります。

4

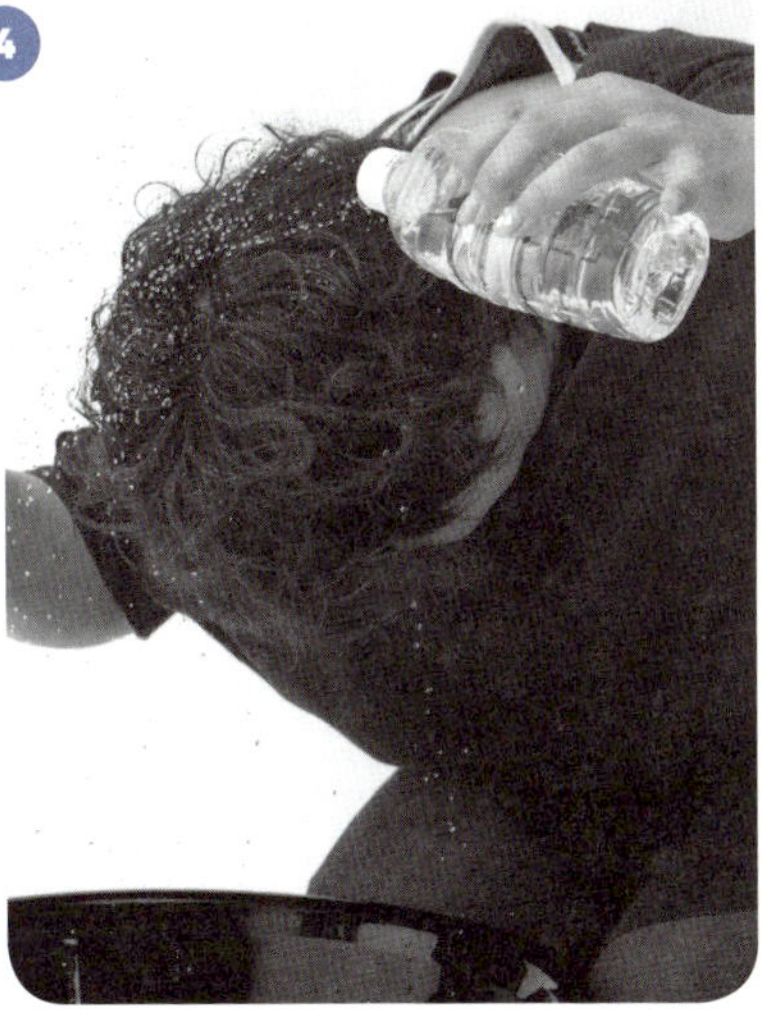

全身を拭き終えたら、残ったハッカ水を頭からかけます。このとき、頭皮の脂を洗い流します。デリケートゾーンはハッカ水で拭くと激しくしみるので、ハッカ油なしのウォシュレット（P125）推奨です。

注意！ 陰部を洗うときはハッカ油の入った水は使わないこと

POINT …

衛生
ペットシーツがあれば 赤ちゃんやペットのシャワーも可能に

災害でお風呂に入れない状態が続いている場合、清潔に保つためのケアが必要なのは、赤ちゃんやペットも同様です。

ペットボトルシャワーとペットシーツを組み合わせれば、簡単に沐浴をさせてあげることができます。ペットシーツは500㎖程度の水は吸ってくれるので、たらいなどがなくても体の下に敷けば水を周囲に散らさないで済むのです。ワイドサイズのペットシーツがあれば、大人の要介護者の陰部を洗い流してあげることも可能。左ページでやり方を紹介していますので、ぜひ試してみてください。

被災したときはもちろん、マンション工事による断水など、ほかのシチュエーションでも覚えておくと便利です。

清潔を保つ工夫は家族全員の心と体の健康のため

赤ちゃんやペットは自分で体を拭くことができません。むずがゆさやニオイなどの不快さを感じたとしても、うまく伝えることもできません。こうしたストレスが重なり、ギャン泣きやムダ吠えなどにつながることも。被災時は物資も限られ、いつもと同じようにはいきませんが、工夫をこらして家族みんなの心と体の健康を守りましょう。

ケアが必要なのは赤ちゃんもペットも同じ

使用するもの

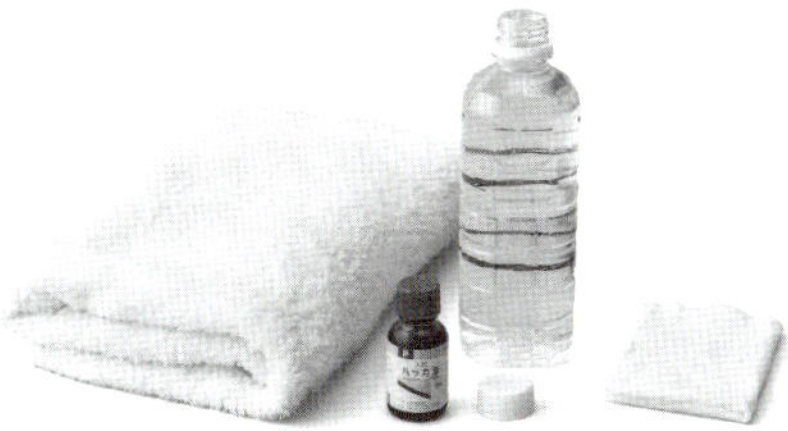

バスタオル１枚とペットシーツ（レギュラーサイズ）１枚、コットン２枚、ペットボトルの水（500mℓ分）、穴を開けたキャップ（P125）、ハッカ油を用意。

1

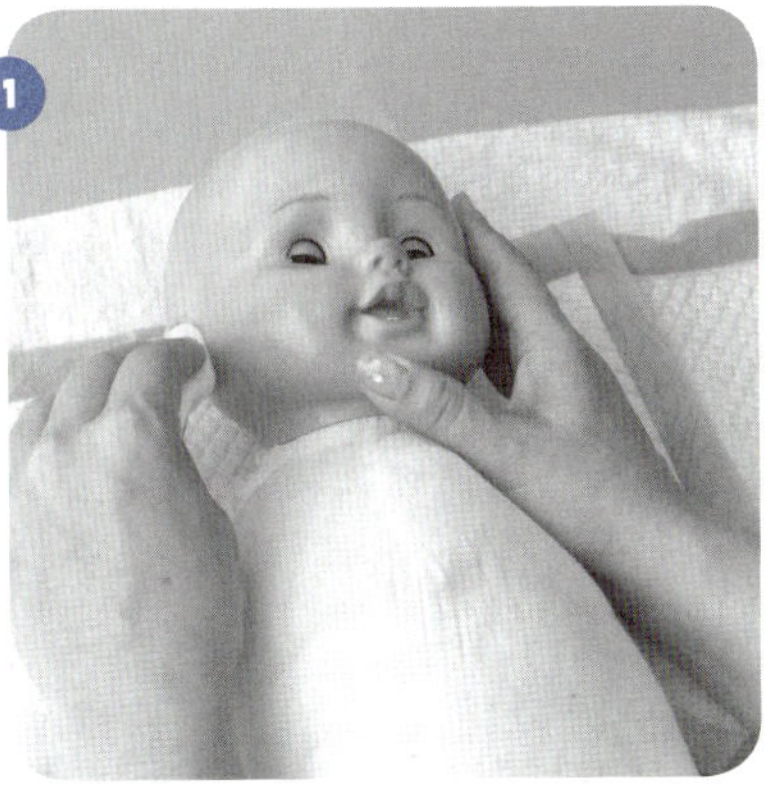

バスタオルの上にペットシーツを敷き、赤ちゃんを仰向けに寝かせます。ハッカ水で濡らしたコットンで顔や耳のまわりを優しく拭いていきます。

2

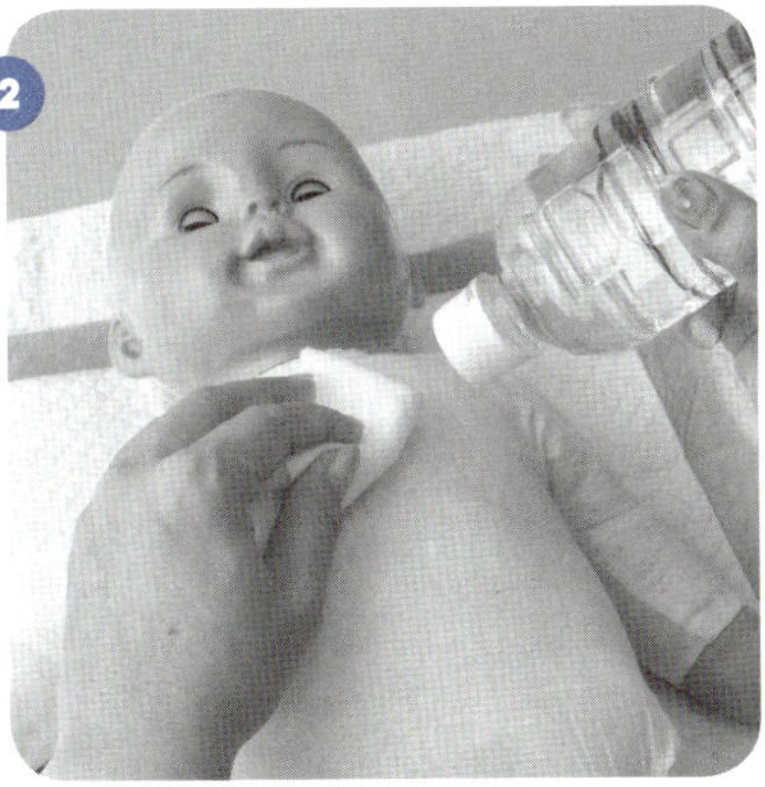

ペットボトルのキャップを穴を開けたものに付け替え、シャワーの要領で水をかけながらコットンで上半身から下半身の順に拭く（デリケートゾーンは除く）。

3

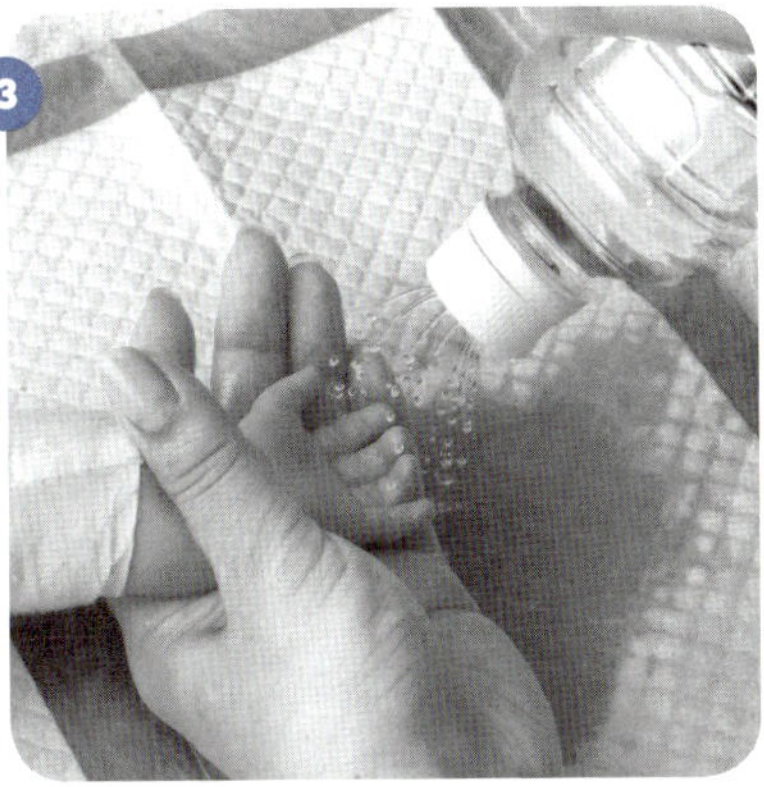

胴体を拭き終えたら、ペットボトルシャワーを活用し、手に水をかけながら、汚れを優しく洗い流します。余計な水分はペットシーツが吸い取ってくれます。

4

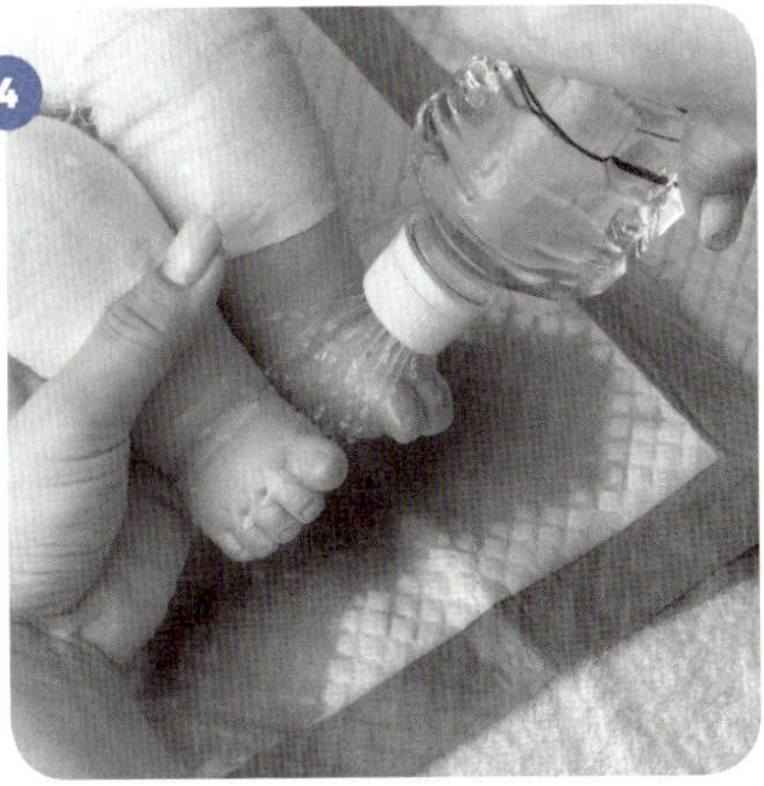

手を洗い終えたら、最後は足です。指の間に汚れがたまりやすいので、しっかり洗い流しましょう。同じ要領でペットを沐浴させ、清潔を保つことができます。

気持ちいいワン！

代用テク

防災グッズをすべて買うことは不可能。なくてもなんとかすると腹をくくる

←

必要なのはものより代用する知恵とテクニック

「防災は気になるけど、ものが増えるのはイヤ」という悩みをよく聞きます。解決するのは簡単。やみくもに防災グッズを買うのではなく、〝今あるもの〟で代用する工夫と知恵を身につけましょう。

防災グッズを大量に買い込むことは「防災」ではありません。あるものを代用する知恵と経験があれば、想定外の事態にも対応できます。

災害が起きると、次々にトラブルが起こります。だからこそ、想像力を目いっぱい働かせて備えるのです。それでも、想像を超えることが起きます。

被災現場では〝ないからできない〟では、誰も救うことはできません。〝なくてもやる〟と腹をくくったとき、新しいアイディアが湧いてきます。そして繰り返し経験することでコツがつかめ、さらなる工夫が生まれるのです。

レジ袋とペットシーツでオムツが作れる

1

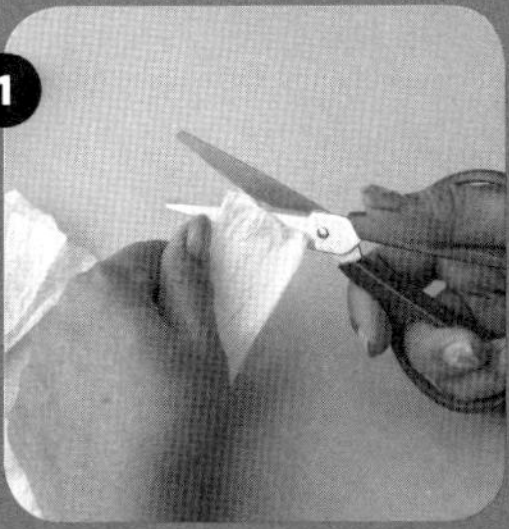

大きめのレジ袋を1枚用意し、持ち手部分の端をハサミで切る（レジ袋は100円ショップでも購入可能）。

2

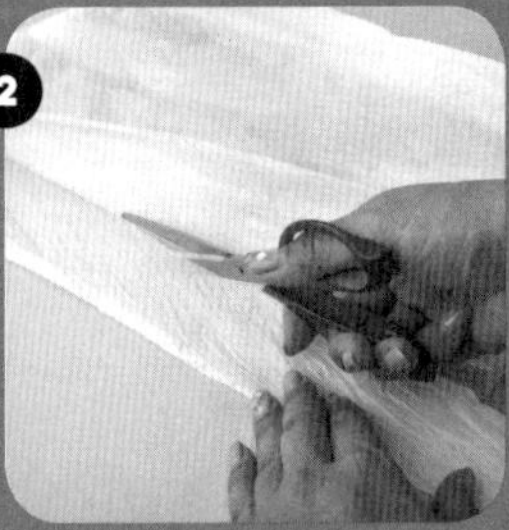

レジ袋の脇の部分もハサミで切る。

3

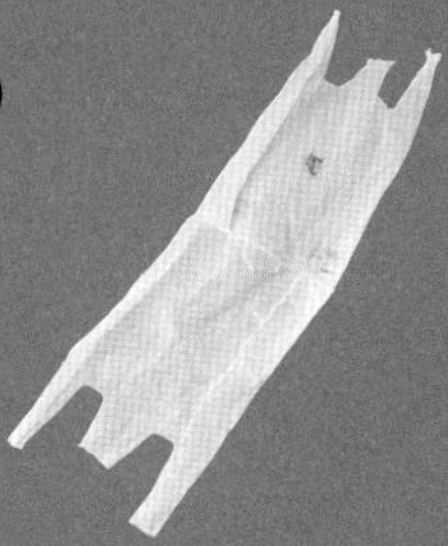

ちょうど1枚のビニールシート状になるように開きます。

4

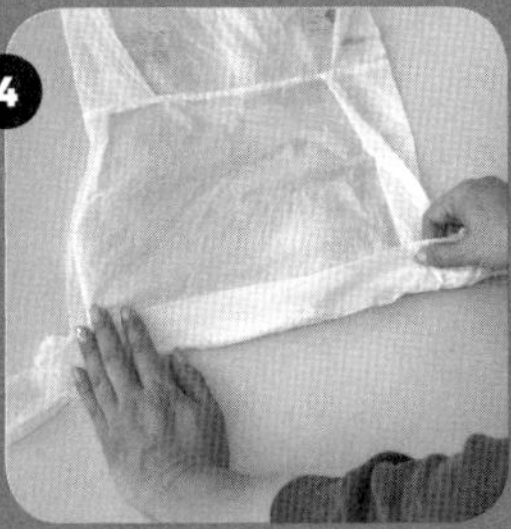

上下を折り、③の大きさを調整します。赤ちゃんの足から腰ぐらいまで届く長さにするのが目安。

5

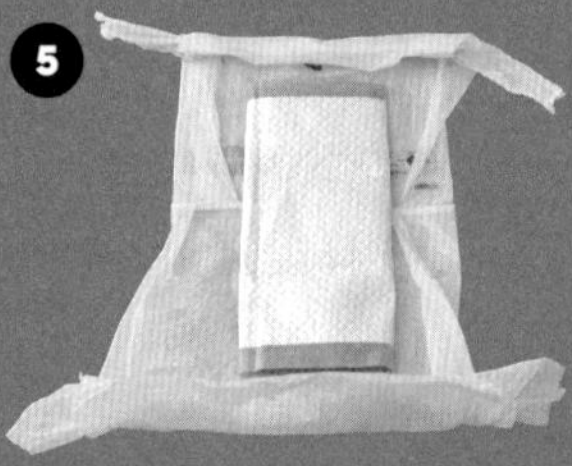

ペットシーツを吸水面が外側にくるように二つ折りにしたうえで、④の真ん中に置きます。

6

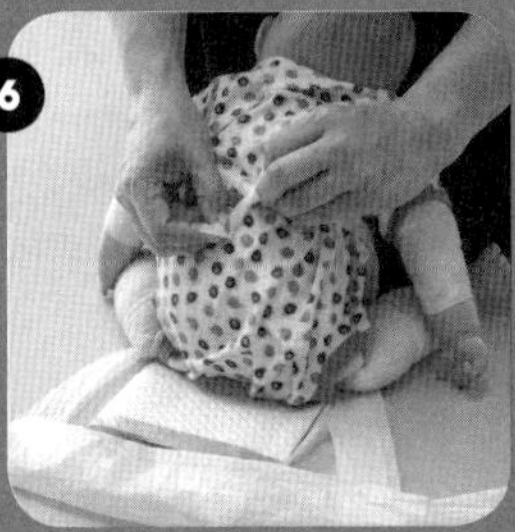

赤ちゃんをペットシーツの上に寝かせてペットシーツをふんわりかぶせます。ぴったりかぶせると漏れる原因に。

7

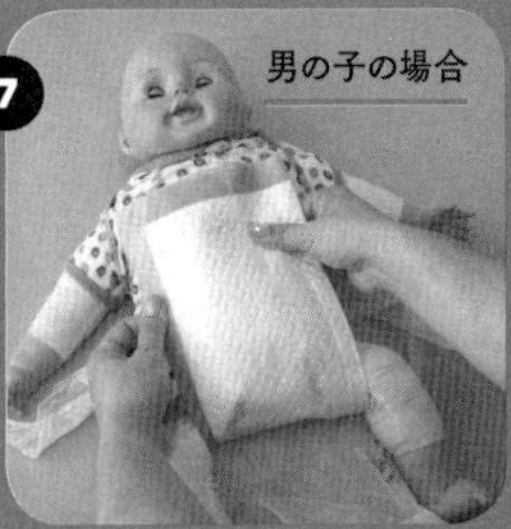

男の子はおしっこが前に出るのでお尻の位置をペットシーツの少し奥側にして、前にゆとりを持たせます。

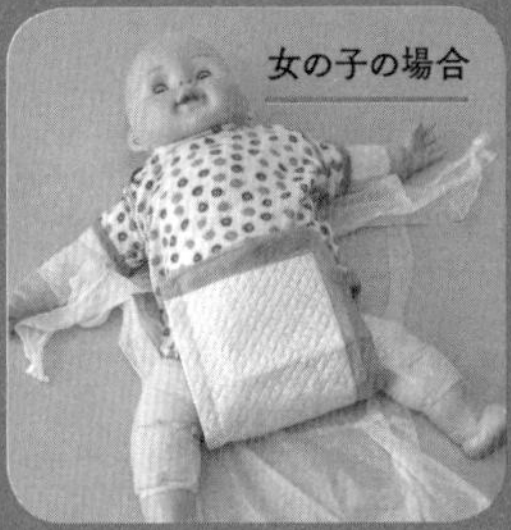

女の子の場合、お尻の位置はペットシーツの真ん中に。前後が均等になるぐらいが目安になります。

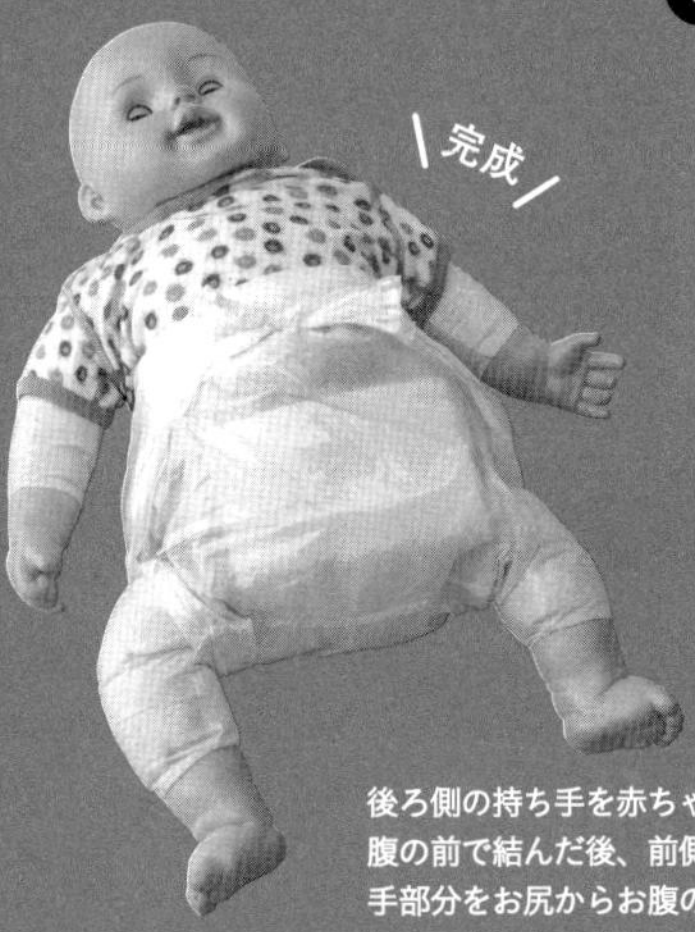

後ろ側の持ち手を赤ちゃんのお腹の前で結んだ後、前側の持ち手部分をお尻からお腹の前に入れ、折り返して完成です。

POINT…

代用テク

単1乾電池もランタンも〝あるもので代用〟できます

東日本大震災でも、2019年の大型台風のときも、店頭から単1電池が一斉に姿を消しました。「懐中電灯用に電池が欲しいんですが」と必死に食い下がる人の姿もたくさん見かけました。

単1電池は家にないけど、単3電池ならある、というご家庭が多いと思います。そこで、単3電池を単1電池や単2電池として使うテクニックを覚えておきましょう。オススメはガムテープやセロハンテープを使う方法。あれこれ使うよりも、テープ1本で作るほうが簡単で覚えやすいからです。やり方は、左ページを参考にしてください。

水の拡散力を活用すれば懐中電灯がランタンに！

停電時に活躍するランタンも、懐中電灯とペットボトルで作れます。懐中電灯の光はそのままでは正面しか照らすことができません。でも、ペットボトルの水に当てることで光が拡散され、部屋を広く照らせるようになります。

ペットボトルの中に水と一緒に葉っぱや石を入れるのもオススメ。光を当てると葉っぱや石の陰影が美しく、不安な心を慰めてくれます。中の水が飲料用ではない場合、「飲んではダメ」とひと目でわかるので一石二鳥です。

単3電池を単1サイズに変える方法

使用するもの

単3電池とアルミホイル、ガムテープを用意します。アルミホイルは丸めて使います。ガムテープがなければ、セロハンテープでもOK。

1

単3電池は単1電池よりも短いため、硬く丸めたアルミホイルを使って高さを調整します。

2

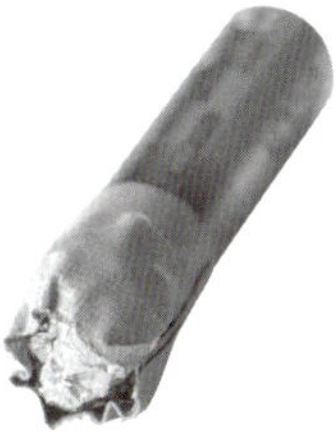

アルミホイルは電池のマイナス側に密着するようにセットし、ガムテープで固定します。漏電を防ぐ意味もあります。

3

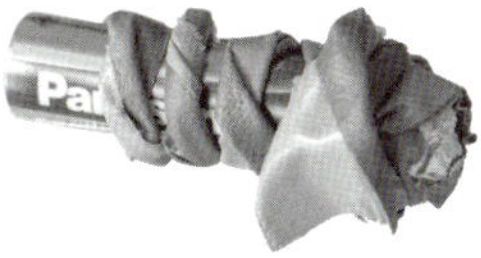

単1電池の幅と同じになるよう、単3電池の周囲にねじったガムテープを巻き付けます。

4

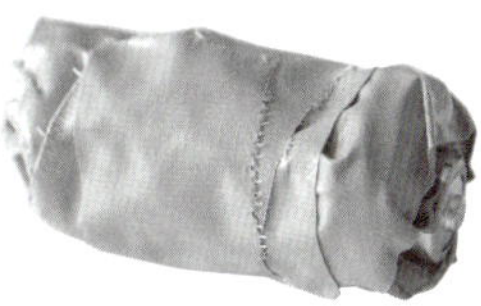

③で巻いたガムテープの表面が平らになるよう、さらにぐるりとガムテープを巻いて仕上げれば完成！

簡易ランタンを作る方法

使用するもの

懐中電灯と水が入ったペットボトルを用意します。飲料水にするわけではないので、くみ置きの古い水でもかまいません。

懐中電灯をライトが上を向くように固定し、水を入れたペットボトルをのせれば出来上がり。懐中電灯の光が水によって拡散され、部屋全体を照らします。

避難所生活

知らない人といきなり共同生活。
これが避難所の現実です

←

少しでも快適にする工夫で避難所暮らしを乗り切ろう

避難所に「快適さ」と「プライバシー」はありません。与えられるのは仕切りのないひとり1畳程度のスペース。知らない人の隣に寝泊まりすることになるのです。お風呂やシャワーも使えないことが多く、人々の体臭が充満します。冷暖房もないことのほうが多いです。

トラブルも多発します。生活音ひとつとっても、うるさいと思うレベルは人それぞれ。モラルが異なる人と過ごすのは想像以上のストレスです。イライラは伝染するもので、常に一触即発の状態になります。

ネガティブなことを述べましたが、覚悟を持って臨めば乗り切れます。少しでも避難所生活を快適にするための方法をご紹介しますね。避難所に持ち込む非常用持ち出し袋の中身を吟味することも大切です。

避難所では風邪やインフルエンザに注意

避難所には人が密集します。周辺にはがれきの山があるのでほこりやちりが生じやすく、冷たい床で寝起きするため風邪やインフルエンザの集団感染が起きることも珍しくないのです。

避難所はちりが大量に舞う。手ぬぐいでのどをガードして

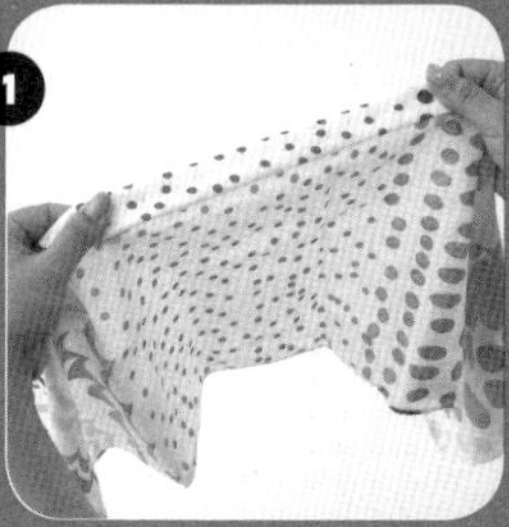

1 ちりが入ってこないようにするため、手ぬぐいを横に広げて持ち、上部を内側に2回折ります。

2 手ぬぐいの折った部分を内側にした状態で、目の下の位置に合わせます。鼻の穴をしっかり覆うようにして。

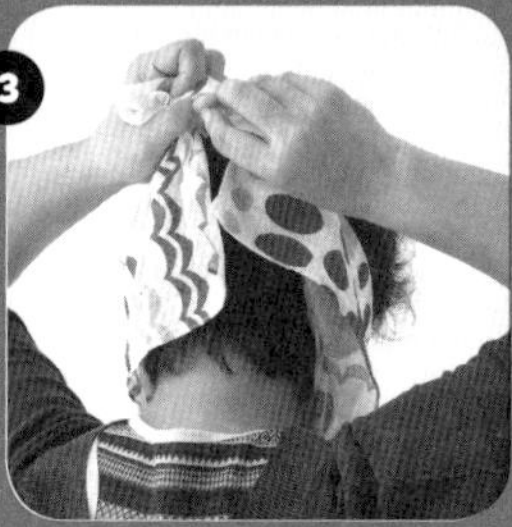

3 手ぬぐいの上辺の端を頭の後ろで結びます。ずれないようにしっかりと結び、ちりの侵入を防いで。

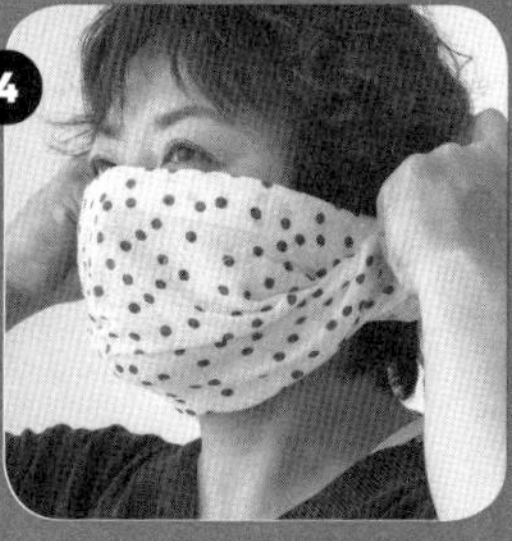

4 手ぬぐいの下辺であごをしっかり包み込むようにして、頭の後ろに布を回します。

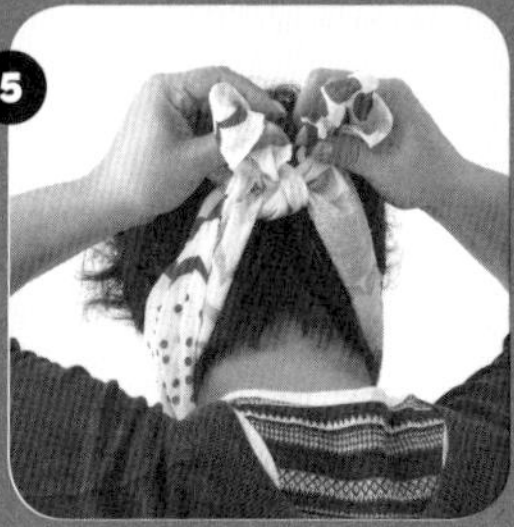

5 手ぬぐいの下辺の端を③で作った結び目を巻き込むようにして、頭の後ろでしっかりと結びます。

6 これで完成。ちりが入ってくる隙間がありません。手ぬぐいがなければキッチンペーパーで代用可能です。

POINT…

避難所生活

新聞紙があればしっかり暖がとれる

新聞を体に巻き付けて暖をとる方法は定番の代用テク。でも、意外と知られていないのが、新聞はそのまま使うよりも、くしゃくしゃにして使うほうが圧倒的に暖かいということ。

左ページの手順を見てください。新聞紙はそのままだとゴワゴワしていますが、くしゃくしゃに揉んだりねじったりすると柔らかくなるうえ、肌触りもよくなります。

しっかり繊維を潰したうえで体に巻き付け、100均で売っているアルミ製のシートをかぶると、汗をかくくらい暖まります。熱が逃げないよう、アルミホイルやレジ袋で覆ってもいいでしょう。

避難所でのストレス解消にもなって一石二鳥

新聞をくしゃくしゃにするステップはストレス解消にもなります。子供たちにお願いすれば喜んで手伝ってくれますし、子供の小さな手で細かく潰すとよりいっそう柔らかくなります。

朝刊サイズの新聞紙が1枚あれば、スカーフも作れれば、レッグウォーマーも作れます。腹巻きのように洋服の下に巻き付けることもできます。特に首、両手首、両足首、腰、背中に巻くと体から熱が逃げにくくなりますよ。

新聞紙を防寒グッズにする方法

使用するもの

新聞があれば、いざというとき暖をとるのに活用できます。朝刊サイズ1枚で片方の手首（あるいは足首）を温められます。

1

新聞紙をくしゃくしゃに丸めます。繊維を柔らかく潰し、空気を繊維の間に入れるのが目的。潰す行為がストレス解消にも◎。

2

まんべんなく握りつぶし、新聞が柔らかくなったら、雑巾をしぼる要領でねじります。こうすることで体に巻き付けやすくなります。

3

手首に優しく巻き付けます。足首に巻いて靴下を重ね履きしたり、首に巻いてストール代わりにするのもオススメです。

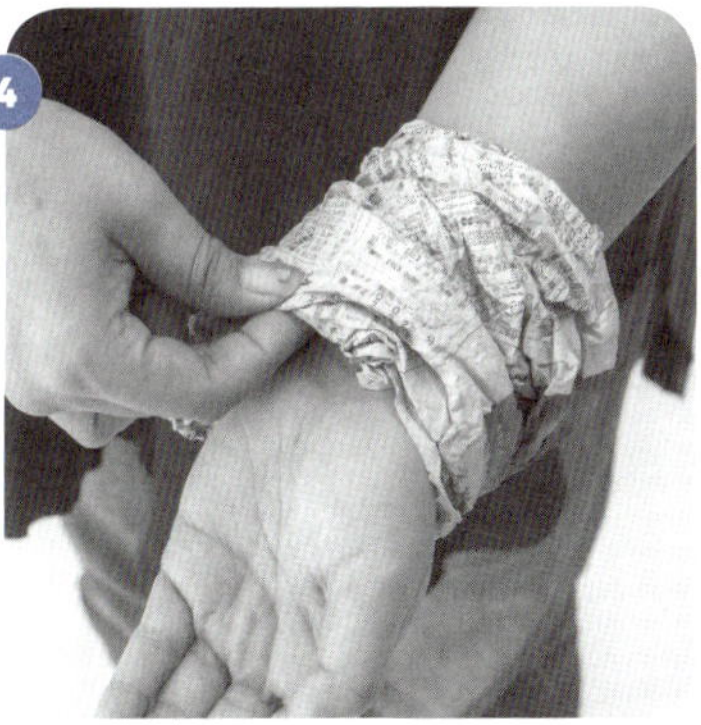

4

巻いた端は適宜、新聞の中に折り込んで完成。手首の内側には太い血管が流れているため、内側を厚めに巻くのがベストです。

新聞紙はそのまま体に巻き付けてもいいですが、硬いままよりもしっかりくしゃくしゃに丸めたほうが、より暖かくなります。

POINT
…

避難所生活

ペットシーツ枕＆氷のうで避難所暮らしを快適に

避難所では基本、雑魚寝です。毛布は支給されることもありますが、枕は基本ありませんし、クッションもないことが多いです。このため、避難所暮らしが長期にわたると、首や腰を痛める人が続出します。余力があれば空気を入れて膨らませるタイプのトラベルピローやエアクッションを持っていきたいところです。

でも、枕やクッションがなければ、持っているもので代用すればいいのです。タオルやストール、ダウンジャケットなどがあれば、丸めて枕代わりにすることができます。

また、災害用トイレ（Ｐ１２３）や赤ちゃんのシャワー（Ｐ１３１）、簡易オムツ（Ｐ１３３）などさまざま場面で活躍するペットシーツとレジ袋があれば、〝低反発風〟の枕が作れます。タオルなどで代用するよりも、適度な硬さがあるため寝心地がいいです。手順は左ページを参考にしてください。

熱中症を防ぐ氷のうも代用テクで作れる

ペットシーツとレジ袋があれば、氷のうの代用品を作ることも可能です。「ないから無理」ではなく、「あるものでなんとかする」の精神で、少しでも〝快適〟を取り戻しましょう！

使用するもの

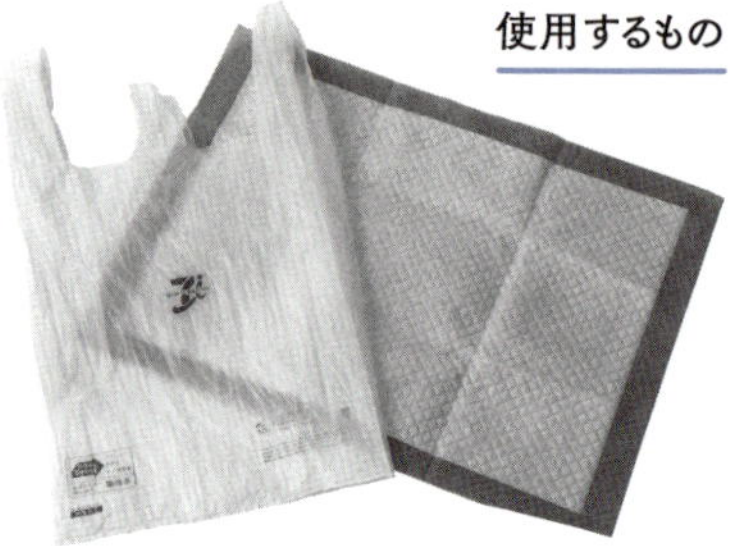

必要なのはレジ袋とペットシーツ（レギュラータイプ）１枚。あとは、ペットシーツに水分を含ませるための水を用意します。

ここで使用する水は飲めないものでもOK

1

吸水面を表にして2つ折りしたペットシーツをレジ袋に入れ、シーツが吸水できる量を目安に水をゆっくり注ぐ。

氷のうの作り方

2

レジ袋の口をしっかりと縛り、10回程度ぐるぐる振り回します。すると気化熱効果でペットシーツが冷たくなります。

3

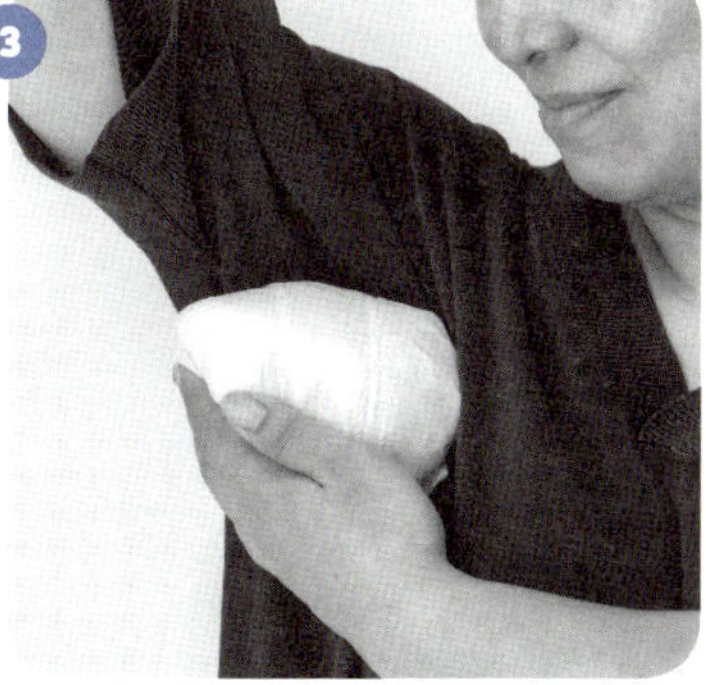

脇の下など、大きな血管が流れているところに当てると、効率よく体を冷やすことができます。

枕の作り方

2

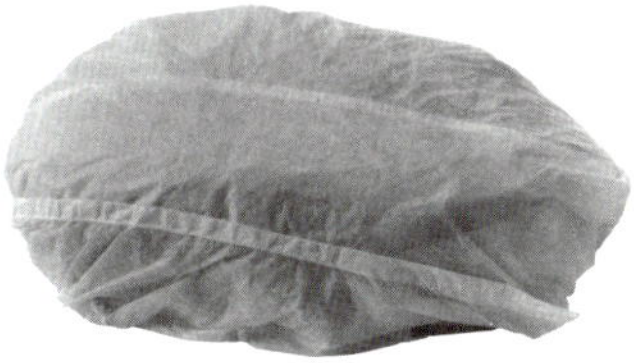

吸水したペットシーツが膨らんだら水が漏れてこないようレジ袋の口をしっかり縛り、枕のように形を整える。

3

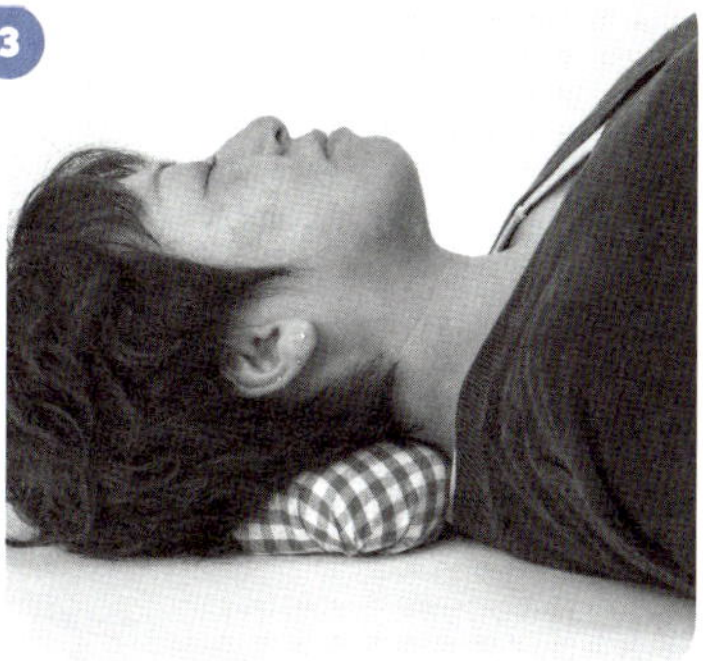

ビニールがシャカシャカいうのが気になる人は、布を巻きます。首の後ろに当てて横になれば、安眠をサポート。

笑顔を取り戻そう

被災地の雰囲気は暗く
復興への意欲も湧きづらい
←
元の生活を取り戻すには
とにかく笑う、笑わせる

レスキューナースを指導する際、「被災地支援に行くなら、必ずひとつは『すべらない話』を用意しておくように」と伝えます。復興には笑顔が不可欠だからです。

被災地の雰囲気は、やはり暗いです。楽しいことなんか思いつきません。でも、誰かひとりが「なくなったもんはしゃあない！」と笑うと、周りもつられて笑顔になるものです。笑っていると、人は前向きになります。すると前向きな空気が伝染して、復興が加速度的に進んでいく。そうした奇跡をたくさん見てきました。

この本を読んでいるあなたに、被災したら最初に笑う人になってほしいのです。最初は無理やりにでも口角を上げてみてください。幸せな光が見えると、人はその瞬間から「生きたい！」と思うのです。

被災下の子供たちを笑顔にするもの

非常用持ち出し袋がキツキツでも、遊びに使えるものは持っていってほしいです。グミなど歯ごたえのある甘いものもオススメ。洗濯バサミを与えれば子供は勝手にアートを作り出します。

レスキューナースたちが被災地で教える「新聞紙を使ったストレス解消法」

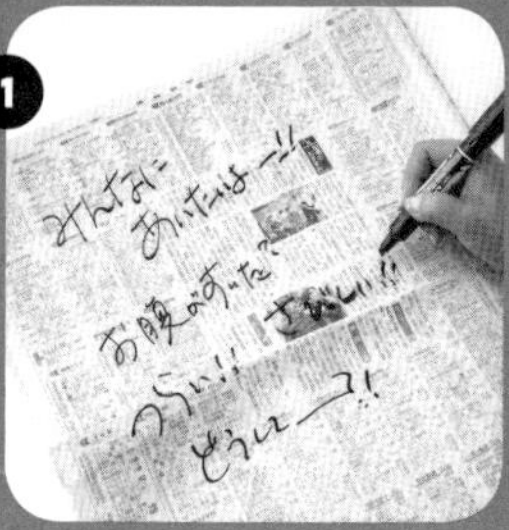

心の中にあるブラックな気持ちを新聞紙に全部書き出します。書くときに気持ちを声に出すとより効果的。

①をビリビリと思い切りちぎります。こうすることで、ブラックな気持ちを昇華させます。

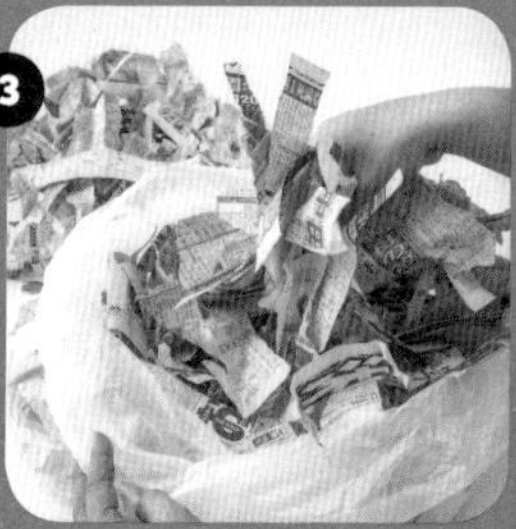

ちぎった新聞紙をゴミ袋に詰めます。余った新聞紙は災害用トイレ(P123)にも使えます。

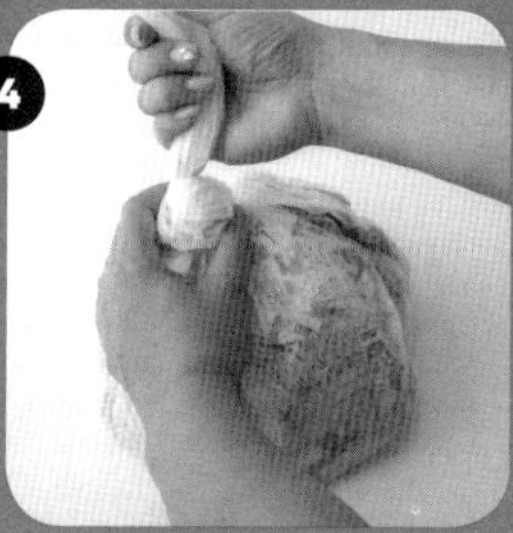

③をひとつ結びにします。空気を抜くようにして、新聞紙の入っている部分をボールのように丸くします。

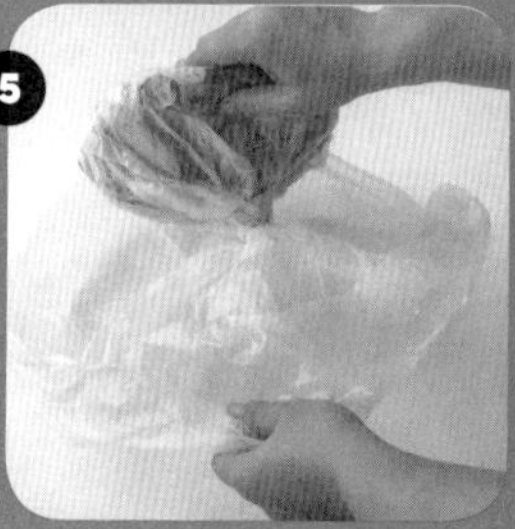

ビニールの余っている部分を裏返して、④で作ったボールを覆います。これでビニールが二重になります。

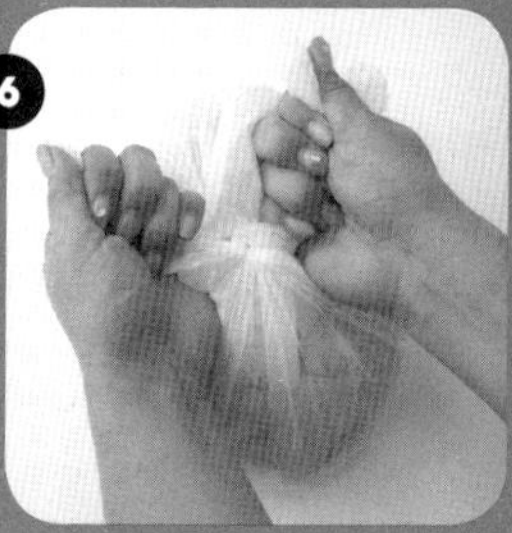

ビニールを結んだらボールの完成。これで遊ぶと、被災者たちはいつのまにか笑顔になっています。

完成したらドッチボールに使える

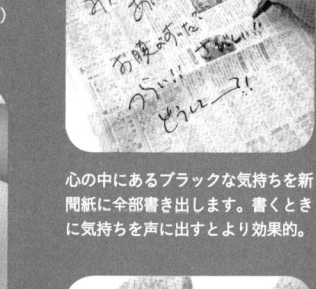

COLUMN

香りの効果は絶大！傷ついた心を癒すアロマオイル

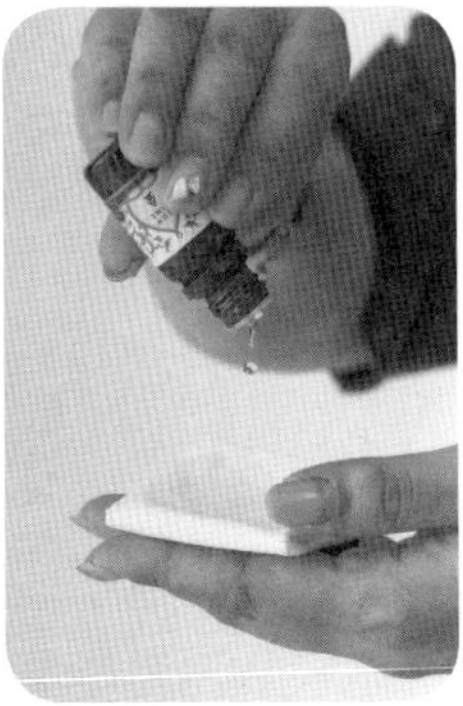

好きな香りが生きる希望に

アロマディフューザーが手に入らなくても、オイルをティッシュに数滴垂らしてあおげば、香りがしっかり漂ってきます。

ニュース映像では伝わらないですが、被災地はにおいがきついんです。

　水害の場合、汚水が乾いてもその成分を含んだ粉塵《ふんじん》が舞っているうえ、カビがそこら中に生えます。地震であっても、断水でお風呂に入れない状態では他人や自分自身の発するにおいで参ってしまうことも。

　普段は気づきませんが、私たちはいいにおいの中で生きています。ですから災害が起きると、人はいい香りに飢えてくるのです。

　かといって、災害に備えて消臭剤や芳香剤を大量に用意しておくのは現実的ではありません。いくらあっても足りないからです。

大人にはオレンジ、子供にはバニラオイル

　私は被災地入りする際、アロマテラピー用の「オレンジオイル」と製菓用の「バニラオイル」を持っていきます。被災者にプレゼントするためです。大人は年齢や男女を問わずオレンジオイルを、子供はバニラオイルをとても喜んでくれます。いろいろ試した結果、これが一番好評でした。ティッシュに数滴垂らして手渡すと、みなさん夢中になって吸います。そして笑顔を見せてくれます。

　五感が傷つけられると、生きる希望が損なわれていきます。被災地のにおいは到底前向きになれないようなものです。逆に、いい香りは人を前向きにさせ、逆境を乗り越えるパワーを与えてくれます。だからこそ、避難する際の荷物にもお気に入りのアロマオイルを入れることをオススメしているのです。

第四章

災害が起きても動じない心をつくる

防災の心得10

第四章 災害が起きても動じない心をつくる

非常用持ち出し袋は月イチで見直しを

POINT…

食品の消費期限は切れていないか

子供の服がサイズアウトしていないか

持病の薬に変更はないか

非常用持ち出し袋の中身を、どれくらいの頻度で見直しますか？　防災講座でこう質問すると、たいてい「見直しが必要なんですか？」と聞き返されます。

非常用持ち出し袋は、一度セットしたら終わりではありません。季節が変われば、必要なアイテムもかわるし、持病の薬が増えるかもしれません。子供はすぐに成長します。入れっぱなしのままにしていると、いざ着替えが必要になったとき、サイズが合わずに役に立たないことがあるのです。

「せっかく重たい思いをして非常用持ち出し袋を持ってきたのに、全然使えない！」という嘆きを、避難所で幾度となく聞いてきました。食品の消費期限や災害用ラジオなどの電池・バッテリーも要注意。月に1回は見直し、必要に応じて入れかえていきましょう。

平時から避難所に行っておこう

避難所は「万が一のときに行く場所」と考えているかもしれません。しかし、万が一に備えるには、平時に行っておくことが大切です。

時間があるときに、家族みんなで自宅から避難所まで歩いてみましょう。本番さながらに非常用持ち出し袋を背負っていくのがオススメです。なお、地震と水害で対応可能な避難所が異なることがあるので、その場合は両方に足を運んでおくこと。お住まいのエリアのハザードマップで確認できます。

平時に避難所に行っておくことは防災袋の見直しにも役立ちます。もし重たすぎるようなら厳選し、荷物を減らすことを検討すべきです。

被災時には最短ルートががれきでふさがっていたり、浸水していて通れないかもしれません。最低、3つのルートを想定して歩いておきましょう。

「災害が起きたらどう行動するか」家族で打ち合わせておく

家族で事前に決めておくべきこと

- キーパーソン
- 何から情報収集するか
（うちは「Yahoo! 防災速報」などと決めておく
- 逃げるタイミング
（どのレベルになったら避難するか）
- どこに逃げるか
- バラバラで被災した場合の連絡のとり方
- 会社や学校をどのレベルで休むか

子供がいる家庭なら母親がキーパーソンになるのが現実的

災害が起きたとき、家族全員が一緒にいるとは限りません。あらかじめ「災害が起きたらどう行動するか」を家族で話し合っておくことがとても大切です。

日頃から「もし地震が起きたら、どこに逃げる？」「台風で水害が起きそうだったら、どのタイミングで逃げる？」などと話し合う機会を持ちましょう。「スマートフォンや携帯電話が使えないときどうするか」など、具体的な場面を想定しながら、複数の連絡手段を話し合っておくことも重要です。

災害時にリーダーシップをとる「キーパーソン」も決めておきましょう。たいていの場合、被災下では女性のほうが肝が据わっています。特にお子さんがいる場合は母親がキーパーソンになるのが現実的。〝自分が家族の命を守る！〟と覚悟を決めましょう。

楽しみながら防災訓練をやってみる

万能ナイフで料理してみる

雨で出かける予定が流れてしまったら、かわりに「防災訓練デー」というイベントにしてしまうのはいかがでしょう。キャンプ感覚で楽しみながら防災スキルを身につけてください。

災害用トイレを使ってみる

パッククッキングをやってみる

みなさんご存じの通り、便利な防災グッズはたくさんあります。でも、いざというとき私たちの命を守ってくれるのは、「もの」ではなく知恵と経験です。どんなに素晴らしい機能を持ったアイテムやツールが揃っていても、使いこなせなければ、〝宝の持ち腐れ〟になってしまうのです。

万能ナイフを手に入れたなら、実際に使って料理をしてみましょう。災害用トイレを使ってみてください。パッククッキングも試してみてください。

実際に試してみると「思ったより簡単」と思うこともあれば、「あれ？　難しいかも……」と感じることもあるかもしれません。でも、たった1回の挑戦であきらめないでください。何ごともコツをつかむにはトライアンドエラーが必要。楽しみながらの防災訓練があなたの明日を守ってくれるのです。

普段から通勤経路や通学路、子供が通う場所などを観察しておく

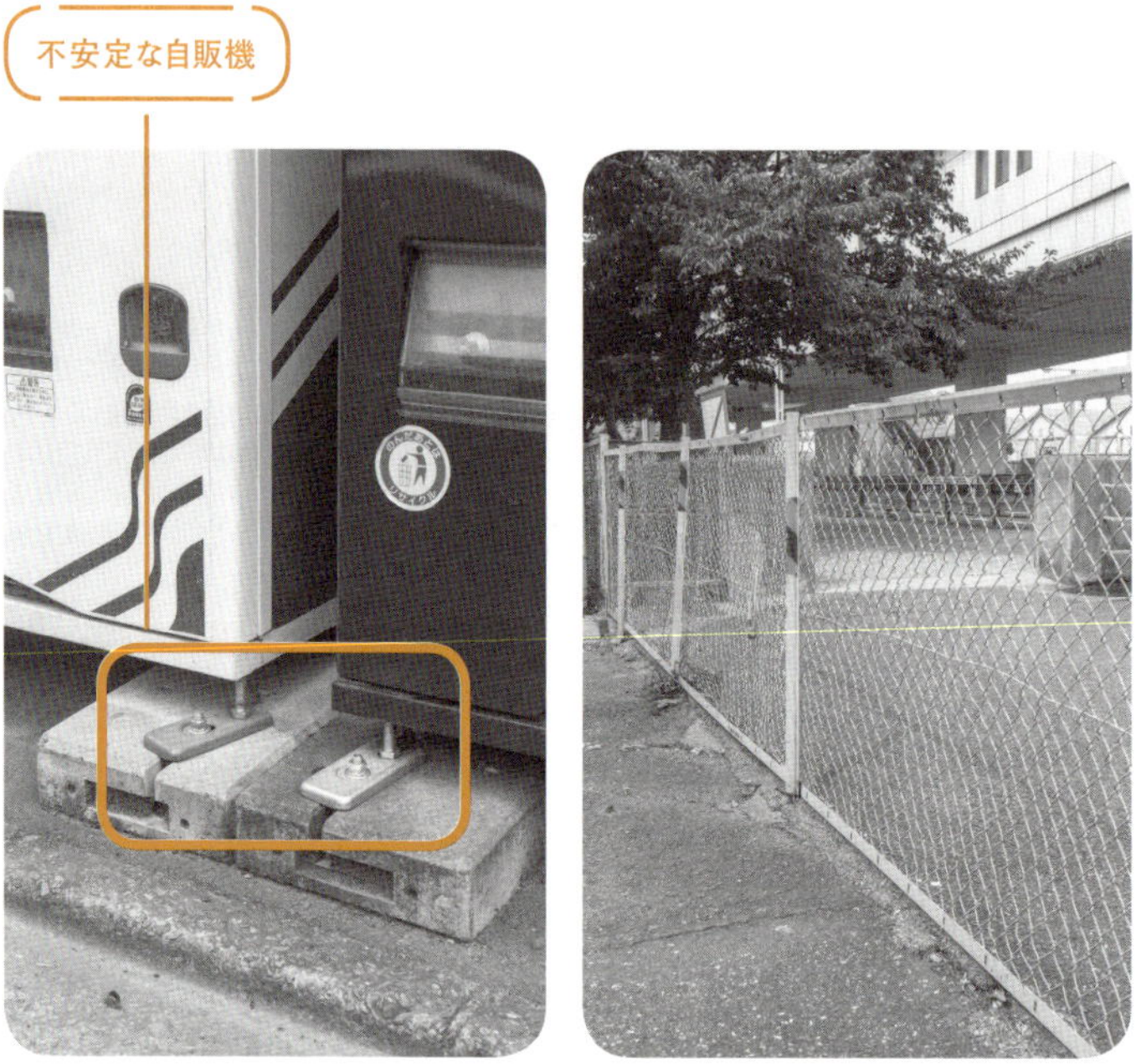

古いフェンスやしっかり固定されていない自販機は、地震のとき倒壊する危険があります。こうしたリスクをいち早く認識し、回避することが大切です。

もしも通勤や通学の途中に、災害に遭ったら……と想像したことはありますか？　普段通い慣れた道にも思わぬ危険が潜んでいる可能性があります。そして、そのリスクは注意深く、意識的に観察しないと見過ごしてしまうものです。

お子さんがいる場合は、通学路やよく行く公園、習いごとや塾への行き帰りに通るルートなどを一緒に歩きながら、「地震が起きた場合」「水害が起きた場合」をシミュレーションしてみてください。災害時にどこが安全で、どこが危険なのかを素早く判断するためには「日頃の観察と慣れ」が必要不可欠なのです。

「見落としがある」という意識を持ってじっくり観察し、「危ないかもしれない」という箇所を洗い出すのが最初の一歩。目が慣れてくると、危険な箇所がパッと把握できるようになります。

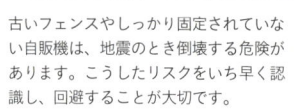

初めての場所に行ったら、退出経路を確認するクセをつける

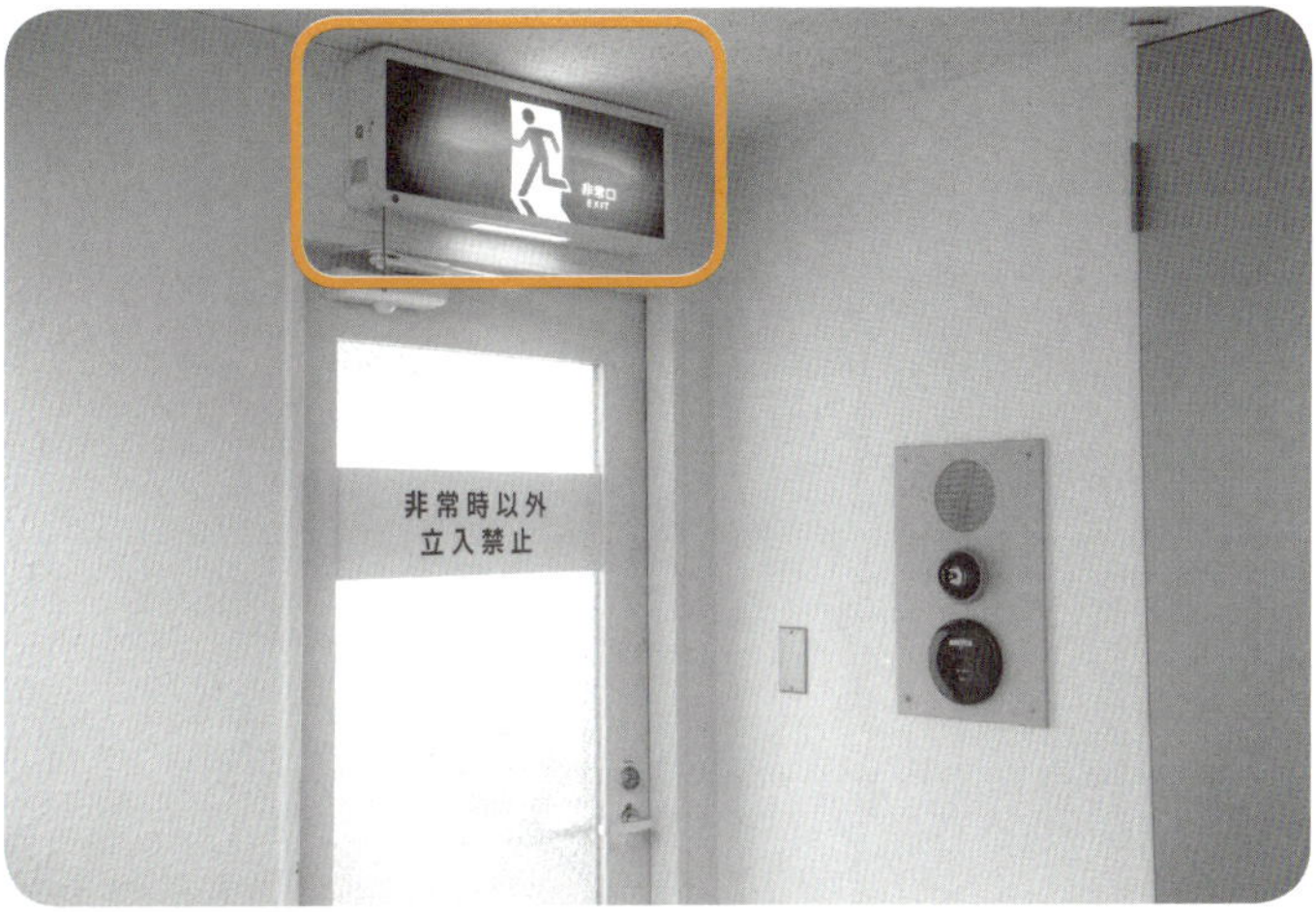

日頃、あらゆる場所で目にしているはずの非常口のサイン。見た覚えがないという人は黄色信号。退出経路として意識することで、いざというときに命が助かる確率がグッと高まります。

私は初めて訪れる場所では必ず非常口を確認するとともに、「今ここで発災したら、非常口までどうやって逃げるか」を瞬時に考えます。

これは私自身が過去に2回の大震災を経験し、さらにレスキューナースとしてさまざまな被災地で活動する中で自然と身についた習慣です。

何もないときに考えておくからこそ、いざというとき適切な行動がとれるのです。こう説明すると「いつも防災のことを考えていると疲れませんか?」と聞かれることがありますが、ある意味、クイズ的に思っているので大丈夫。

また、回数を重ねるほど判断は早くなり、瞬時に最適解を出せるようになります。そして、一度習慣になれば、意識しなくてもできるようになるのです。防災のプロでなくても、日々の積み重ねで誰でもできるようになりますよ。

マンションや職場の脱出経路を歩いてみる

非常階段には、避難する人が迷わず逃げられるよう、さまざまな表示がされています。平時に歩き、こうした表示を確認しておくことで、いざというとき慌てずに逃げることができます。

マンションや勤め先のビルで防災訓練があったら、もちろん参加してほしいです。でも、防災訓練が熱心に実施されていなかったとしても、〝セルフ防災訓練〟は可能です。

緊急時にパニックに陥らないためにも、自宅やよく行く場所の脱出経路は確認しておいてください。もちろん、実際に歩いてみるのがベストです。

特に、高層階から非常階段で脱出することが想定される場合、外に出るまで何分くらいかかるのかを体感しておくと、いざというときの焦りが軽減されます。実際には、災害が起きるとたくさんの人が一斉に脱出を試みるので、思った以上に時間がかかるものです。「もし今、地震があったら、どれぐらいの人数が殺到するのか？」「人が殺到しないルートはないか」もイメージしておきましょう。

災害保険にはやはり入っておくべき

水害に対して保険で備えているか?

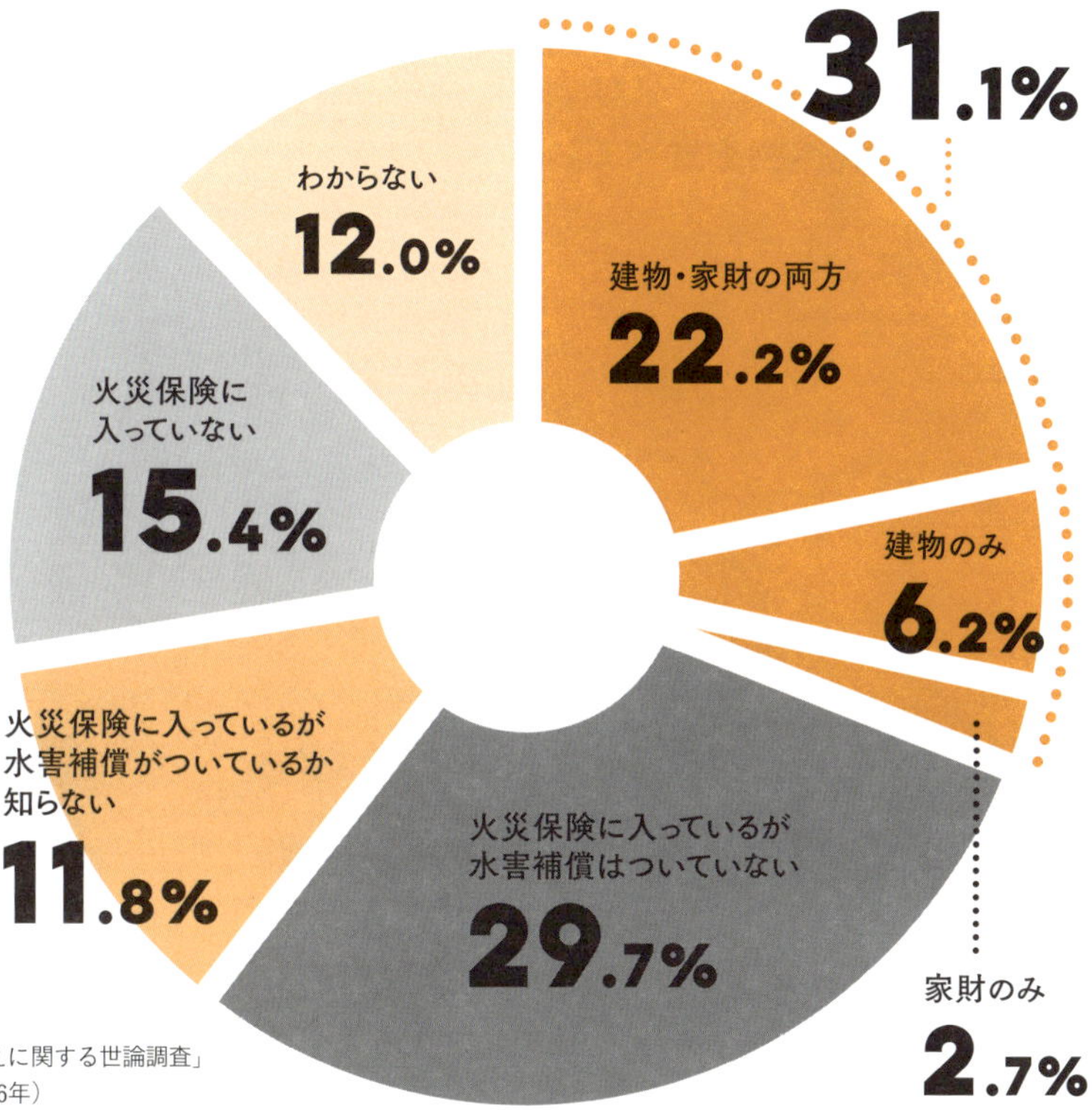

「水害に対する備えに関する世論調査」
（内閣府調べ。2016年）

災害保険に入っていますか？　復興には、お金が必要です。

地震保険は火災保険とセットでなければ入れません。また、水害は、火災保険のオプションである「水害補償」でカバーするものだと覚えてください。保険に入るときに、オプションを付けたか忘れてしまった人も多いと思います。自分がどのような保険に入っているか、この機会に確認し、必要なら見直しを。これから加入するなら、絶対に火災保険だけでなく地震保険にも加入して、水害補償のオプションを付けてください。オプションを付けても、数百円程度のことが多いです。

なお、罹災《りさい》証明書の交付を希望する場合は、片付ける前に被害状況の写真を撮っておきましょう。動画は証拠にならないので、必ず写真でおさえておくことが必要です。

移動中に災害に遭う可能性があるときの備え

長時間拘束への備え5か条

- 必ず水を用意する
- 生理用ナプキンを装着する
- 食べ物を食べておく
- カバンなどの荷物は必ず自分の近くに置く
- トイレに行っておく

豪雨や強風で電車が止まると、長時間閉じ込められることもあります。これも立派な〝災害〟です。

長距離移動するときは、天気予報や災害情報を確認し、「拘束されるリスクの有無とレベル」を把握しましょう。

私は出張が多く、全国を飛び回っていますが、新幹線に乗る前には必ず食事とトイレを済ませます。水も常に持ち歩き、悪天候が予想されるときは、緊急事態に備えて生理用ナプキンを装着します。そしてバッグにはペットシーツとビニール袋も入れています。

以前、台風で新幹線が止まってしまったとき、トイレが使えなくなり真っ青になっていた女性がいました。ペットシーツとビニール袋を「これを使ったらええよ」と渡したら、涙ながらに感謝されました。備えがあれば、自分も周囲も助けることができるのです。

どんなものでも3つ以上用途があるものしか持たない

洋服も「3つ以上の用途がある」という条件にかなうものを厳選。着回しがきく“一軍”だけなので服選びに悩む時間も短縮できました。シンプルな暮らしと防災はとても相性がよく、片付けの手間も減らせます。

「防災には片付けが大事なのはわかったけど、どうしてもものが増える」と、よく相談されます。

私はものを増やさないために、「3つ以上用途があるものしか持たない」と決めました。どんなに惹かれても、「○○専用」のように用途が限定されたものは購入しません。購入前に「持っているもので代用できない？」と自問自答するのも大切な習慣です。

私も雑貨や洋服が大好きで、昔はたくさん持っていました。でも、救助に訪れた先で「人は、その人がたくさん持っているものに埋もれて死ぬ」という現実を目の当たりにしたのです。服に埋もれて亡くなっている人や大量の本で圧死している人を数多く見ました。とてもとても、つらい光景です。以来、私はものに対する認識を改めました。

何より大事なのは、命です。

備蓄量の目安

水

大人ひとりにつき40ℓ

人間は1日に3ℓの水分が必要だといわれます。2ℓは飲んだり料理で使うなどの水分として摂取する分で、1ℓは体を洗ったり、食器を洗うなどの、清潔を最低限保つための生活用水です。

断水や停電に備えるなら、10日分の水を用意しておくことを推奨します。給水車は10日ほどでくることが多いですが、不安な人は2週間分用意しておくとより安心です。

大人ひとりが必要な水の量は、10日分なら30ℓですが、余裕を見て40ℓを備蓄しておくといいでしょう。目安としては2ℓのペットボトル10本、500mℓのペットボトル40本分ですが、ペットボトルで用意するのが難しい場合は、生活用水の分はお風呂に水を溜めるのでもOKです。

浴槽には平均200ℓの水が溜められます。台風など、災害が起きるとわかっている際には、必ずお風呂に水を溜めるようにしましょう。

食

カセットコンロ…1台
カセットボンベ…30本
レトルトパスタソース…20個
レトルトカレー…10個
レトルトごはん…30パック
パスタ500g…5袋
カップスープ…10個
カップラーメン…5個
米…10kg

ここで挙げた食料は大人ひとり分の量。これで2週間は食いつなげます。お米は10kgあれば1か月はもちます。

ローリングストックをしている人は、この数になるように買い足せば0Kです。冷蔵庫や冷凍庫にあるもの、乾物などを合わせれば1か月はしのげるでしょう。

食べ物はいろいろな選択肢がありますが、状況を想定して購入することが大切です。例えば、水が潤沢にある場合はカップラーメンやアルファ化米などがオススメ。手元の水が少ない場合は、あまり水分のいらないレトルトのカレーや羊羹、缶詰などを状況によって使い分けるといいでしょう。

停電対策

電池…単3を40本
単1を20本
ソーラーライト…3つ
ランタン…5つ

照明のオススメは電池式のランタンやソーラーパネルがついているランタンです。ランタンがない場合は懐中電灯の上に水の入ったペットボトルをのせることでランタンとして使用することができます（P135、簡易ランタン参照）。

ロウソクは、使い慣れていないと火をつけたまま寝てしまったり、ペットが倒してしまうなどして火事の原因になります。安全対策をしっかりしたうえでご使用ください。

オムツ

新生児〜月齢3か月…5パック
月齢4か月以上…4パック

赤ちゃん用オムツの備蓄量は1か月分を備えておきましょう。要介護者に必要な大人用オムツも1か月分を目安にしてください。

情報

モバイルバッテリー…5個
手回し充電式ラジオ…1個
電池式ラジオ…1個

停電時にスマートフォンを充電する際にはモバイルバッテリーが便利です。5つのうち、ひとつは乾電池タイプを用意しておきましょう。

充電できる乾電池は、通常の乾電池より長持ちで、懐中電灯などと相性がいいです。

停電でテレビやスマートフォンが使用できなくなる可能性もあります。生き延びるためには災害状況や避難状況の情報収集が不可欠なので、手回し充電式やソーラー充電式、乾電池式のラジオが強い味方です。

救援物資でもらえないもの

持病の薬…1か月分
使い捨てコンタクトレンズ…1か月分

これは人によって必要なものが異なりますが、最低でも1か月分はストックしておくようにしましょう。特に薬は命にかかわります。

防寒・暑さ対策

冬　使い捨てカイロ…15個
夏　保冷剤…10個

電気が使えない状態では体温調節が難しい場合があります。特に台風が過ぎ去ったあとは台風一過の影響で気温が急上昇することが多く、体調を崩しがちです。そのため保冷剤やうちわなどの体温を下げるためのものを準備しておくことが大切です。

また、気温が低い場合は使い捨てカイロ、ガスストーブ、アルミ製のブランケットなど、電気を使わない防寒対策が必要になります。寒さに弱い人はカイロを多めにローリングストックするといいでしょう。

熱中症対策

塩飴／塩分タブレット…1袋

経口補水液がなくても塩飴や塩分タブレットと水があれば大丈夫です。断水が起きるとトイレが使えないからと水を我慢する人も多いですが、命を危険にさらすことになるので、適度な水分摂取を必ず行って。

トイレ用品

ペットシーツ（レギュラーサイズ）300枚
45ℓゴミ袋…150枚
新聞紙…30部
トイレットペーパー…12ロール

ペットシーツとゴミ袋をこれだけ用意しておけば、災害トイレで150回用を足せます。

ペットシーツと新聞紙はトイレ以外にもさまざまな用途があるので多めにあると安心です。

トイレットペーパーは1回の使用量がミシン目2つ分という想定で、1ロール60回使えます。12ロールでひとり1か月分使える計算になります。

★量はあくまで目安と考えてください。育ち盛りの子がいるのかなどによっても必要な備蓄の量は変わってきます。

水は10日～2週間程度で給水車がくることが多いので、最低10日分の備蓄をオススメしますが、それ以外のものは1か月分が最低ラインです。過去の例を見ていると、大災害が起きた場合、インフラや物流は数週間では復旧しません。

おわりに

備えとは、防災グッズや備蓄品を買ったり、家を防災仕様にすることだけではありません。災害についての正しい知識と、対処するための知恵を得ることも防災なのです。これが、本書で私が最もお伝えしたかったことです。ここまでお読みいただいた方は、すでにその「備え」ができています。

最後に、阪神・淡路大震災で被災した友人の話をさせてください。

彼女は当時の看護師仲間でした。食べることが好きな子で、私が鎌倉に旅行することを知ると、「お土産に24枚入りの鳩サブレ買ってきて」と言うのです。「一人暮らしなのに？　普通4枚入りのやろ」とぼやきつつも、24枚入りを買って彼女に渡しました。

震災が起きたのは、その翌日でした。

彼女の家は全壊し、連絡がまったくとれません。道もふさがり、助けに行きたくても行けない状態でした。

そして、命のデッドラインとされる72時間をとうに過ぎた4日目、なんとか彼女の家にたどり着くことができたのです。「もうダメだろうな」と思いつつ、彼女の名を呼んだところ……「ここやで～」という声が！

彼女は胸から下ががれきに埋まっていて、身動きが取れない状態でしたが、手は動かすことができました。聞けば、そばにあったウーロン茶と鳩サブレで生き延びたそうです。あのとき4枚入りの鳩サブレを渡していたら、おそらく助からなかったでしょう。彼女は言いました。「私は『生きる！』って決めた。あんたが来るって信じてた」と。

彼女を救ったのは、希望を捨てない心と、「生きる」という強い気持ちでした。

なにがあっても「生きる！」と決め、そのために行動する。いつ災害が起きてもおかしくない今を生きる私たちに最も大切な姿勢です。あなたは実践することで生きる、そして大切な人を守ることができます。

私の防災についての思いを受け止め、最高の形に仕上げてくれたライターの島影真奈美さん、編集の友部綾子さん、ありがとうございました。笑い合い、励まし合いながら、〝本当に使える〟防災本にすることができました。

この本は、読むだけで終わらせずに、実際にやってみてください。あなたが、そして大切な人が生き延びる確率を飛躍的に上げてくれるはずです。

２０１９年11月　辻　直美

レスキューナースが教える
プチプラ防災

発行日	2019年12月10日　初版第１刷発行
著者	辻 直美
装丁・本文デザイン	川口 匠（細山田デザイン事務所）
構成	島影真奈美（馬場企画）
撮影	林 紘輝（扶桑社）P6〜9、P21、P41〜55、P60〜152 山川修一（扶桑社）P15、P19、P27、P31、P33〜39、P155
イラスト	やのひろこ
図版製作	松崎芳則（ミューズグラフィック）
校閲	皆川 秀
DTP	株式会社光邦
撮影協力	Enoteca D'oro Ongnigiorno（P69）
編集	友部綾子（扶桑社）
発行者	久保田榮一
発行所	株式会社 扶桑社 〒105-8070 東京都港区芝浦1-1-1 浜松町ビルディング
電話	03-6368-8870（編集） 03-6368-8891（郵便室） www.fusosha.co.jp
印刷・製本	凸版印刷株式会社

Printed in Japan
ISBN 978-4-594-08335-9
※本書に掲載している情報は2019年11月時点のものです。
商品の価格などは変更になる場合もあります。
また、商品の価格はすべて税抜き表示です。

辻 直美

国際災害レスキューナース。一般社団法人育母塾代表理事。看護師として活動中に阪神・淡路大震災を経験。実家が全壊したのを機に災害医療に目覚める。看護師歴28年、災害レスキューナースとしては25年活躍している。被災地派遣は国内19件、海外２件。被災地での過酷な経験をもとに、本当に使えた防災術を多くの人に知ってほしいと、大学での防災に関する講義・講演や、小中学校での授業を精力的に行っている。2015年３月から１年間、毎日新聞夕刊・関西版で防災についてのコラムを執筆。現在、大阪市防災・危機管理対策会議で防災専門家として活動中。大阪市福島区被災地学習選定委員も務めている。レスキューナースの活動と並行して、「たった３秒で赤ちゃんが泣き止む」と話題の「まぁるい抱っこ」を提唱。子育てに悩む母親たちから絶大な支持を得ている。

まぁるい抱っこ
一般社団法人 育母塾公式サイト
https://ikubojuku.org/